ミスタードラゴンズの失敗

江本孟紀
Takenori Emoto

はじめに

2024年9月18日、バンテリンドームナゴヤでの阪神戦。3対8と大敗した試合後、中日ドラゴンズの立浪和義監督が退任を表明した。残り9試合を残して、事実上の白旗を上げたことになる。

去就を発表した立浪監督は会見でこう話した。

「今、このタイミングでどうかなと思うんですけど、やっぱりこの3年目、今年が勝負で結果を出さないといけないところで、結果を出せなかったんで。自分自身責任を取って、今年限りで。最後までもちろんやらせてもらいますけど、『当然、やめさせていただきます』ということは球団と話をしました。今日このタイミングで発表するのもどうかなと思うんですけど、最後までもちろん全力でやるということです。けじめはつけます」

「決断したのはいつか?」と記者から問われると、

「決断というか、オールスター明けの何とかまだ借金8の段階で、もちろん諦めずまだまだチャンスはあると思ってここまでやってきたのですが、ずっと同じようなかたちで負けている試合が多いので。やっぱり今年3年目。自分自身就任した時に勝負をかけるというところで、結果が全ての世界ですから。監督が責任を取るのは当然だと思います」

こう話していた。

正直、私は残念だったし、「あと1年だけ、やらせてみてもいいんじゃないか」とさえ思っていた。著しく戦力が欠けているなか、「誰がやっても勝てない」という状況下で、あえて火中の栗を拾いに行った心意気は買ってやらなければならない。「集大成」としたうえであと1年やらせて、それでもダメだったら潔くユニフォームを脱ぐ……くらいの待遇を与えてもよかったんじゃないのか。繰り返しになるが、ただただ残念でならない。

2021年10月22日の新監督に就任した際の記者会見では、大勢の記者を前にこう断言した。

「打つほうはなんとかします」

現役時代、通算安打2480本の実績があり、「なるほど」と周囲を納得させるだけの打撃理論を持っている。

「低迷しているドラゴンズを救えるのは立浪監督しかいない」

そう期待していたドラゴンズファンは大勢いたはずだ。

実際、私も名古屋で解説に赴き、行きつけのお店で食事をしていると、

「落合監督後の高木、谷繁、森（繁和）、与田と全員が思うような結果を残せなかった。こうなったら残るは『ミスタードラゴンズ』の立浪しかいない。江本さんはどう思いますか？」

とドラゴンズファンから聞かれたことが一度や二度ではなかった。そのたびに私は、

「まあ、必ずしも結果が出るとは限らないけど、立浪待望論が出ているのなら、一度やらせてあげてもいいんじゃないですか」

と答えるようにしていた。

ただ、渦巻く待望論とは裏腹に懸念する点はあった。それは、「引退してから一度も指導者としてユニフォームを着たことがなかった」点だ。

立浪が現役を引退したのが２００９年。それから2年後の２０１１年まで落合政権は続き、12年以降は高木守道（２０１２～13年）、谷繁元信（２０１４～16年）、森繁和（２０１６～18年）、与田剛（19～21年）と、どこかのタイミングで打撃コーチになる機会があ

ったかもしれないのに、ならなかった。おそらく立浪の頭のなかでは、「指導者＝監督」という図式が成り立っていたのかもしれない。

だが、私は監督以外でもユニフォームを着るチャンスがあるのならば、できる限りそうすべきだったと思っている。その理由は二つある。

一つは、「自分の理論を選手がどれだけ実践できるかを確かめておけるか」からだ。どんなに素晴らしい理論をもっていたとしても、いざ選手に教えてみてまったく使いものにならなければ、絵に描いた餅で終わってしまう。もしそうであるならば、自分の理論のどこが間違っていたのか考え、軌道修正する手段を見つけていけばいい。だからこそ、実際に指導したうえで、現場の感触を確かめておくことが肝心なのだ。

たまに現役時代に活躍した選手が、春秋のキャンプで臨時コーチを務めるケースがある。だが、そうした場では、自分の理論は当たり障りのない程度にしか教えられないのが実情だ。なぜならば、プロのチームには投手、打撃、守備、走塁のコーチがそれぞれの分野にいる。当然ながら彼らを乗り越えて密接に指導することはできない。そうなると臨時ではなく、球団としかるべき契約を結んでコーチと名乗るほうが断然いい。

もう一つは、「選手との距離感を知っておくこと」である。原辰徳が3度目の監督時代に、こんな話をしたことがあった。

「以前と比べて選手の気質が大きく変わったなと思いましたね。ですから私自身も、選手とのコミュニケーションをどう取っていけばいいかと、これまで以上に考えるようになりました」

原は2002年から03年、06年から15年、19年から23年と、合計17年間、監督を務めた。2002年のときは選手との年齢がそれほど離れていないこともあって、兄貴分的な位置で監督をやっていたように思える。

それが監督としてのキャリアを重ねていくうちに、兄貴分から父親、最後はおじいちゃんと孫くらいの年齢差がついてしまった。そうしたプロセスのなかで、ジェネレーションギャップ（世代間格差）は大きくなっていったと感じていたはずだし、いかにして選手を自分のほうに振り向かせるべきかについても、相当考えていたように思える。

「私がまだ50代の頃には、（阿部）慎之助や（坂本）勇人をガツンと叱ったこともありました。でも今の若い選手はそれをやってしまうとシュンとしてしまう。選手のモチベーションを上げるためにも、言葉の引き出しは多く持っておく必要があると考えていましたね」

それだけに、立浪監督はもっと早い段階で監督以外のポジションで指導者として経験を積むことで若い選手に対するアプローチ方法も違っていたのかもしれない。

そうしたなかで、今回の著書の依頼を扶桑社さんからいただいた。

「立浪監督のこれまでの3年間を振り返りつつ、過去と現在、さらにはこれから先のドラゴンズがやるべきことなどついて、客観的かつ冷静に分析していただきたい」

といった趣旨のお話だった。

私はドラゴンズOBではないが、立浪とは野球解説者として長年一緒に仕事をし、人間的な部分をよく見てきた。だからこそ、今回の辞任については、低迷の原因を彼一人に負わせるのは酷であると感じた。これまでのドラゴンズの歴史を振り返ると、球団側にも責任の一端があると思っている。

そして、これは他球団でもよくあるケースである。立浪監督の例を他山の石として、この本を一読していただきたい。私がどういう目線で立浪率いるドラゴンズを見ていたのか。また、そこから自分の考えをどうまとめていったのか。みなさんのご参考にしていただければ幸いである。

江本　孟紀

目次

はじめに……2
第1章　立浪采配は批判されるべきなのか？……15
「あんな選手を使いやがって」という声を、私はこう考える……16
立浪監督は「正しい野球理論を備えた監督」である……18
選手指導を行った監督は、過去にもいたので、決して珍しいことではない……19
私が中西さんに教わった打撃技術とは……21
選手が技術を会得できなかったとき、どんなことを考えていたのか……24
「臨時コーチ」は弊害だらけの存在でしかない……27
指導者として、さまざまな球団を渡り歩くことのメリットは……29
「指導者としての経験値」が足りなかった立浪監督……31
立浪監督は真面目過ぎる性格が災いした？……33

中田翔が中日で求められた役割とは……36
根尾昂の起用法は投手ではない！……40
「どこもそこそこできる」、器用貧乏な根尾……43
最大の懸案事項だった「二遊間問題」は解決しつつある……44

第2章 立浪監督と新井監督、新庄監督の違いについて、検証してみる……49

12球団の監督がどういったプロセスを経て監督になったかを見ていく……50
FA移籍で苦い思いをした新井貴浩……53
新井広島が優勝するための「脱・家族」「脱・兄貴分」のススメ……56
郡司を活躍させることができた新庄監督……59
郡司がドラゴンズで起用されなかった理由とは……61
阪神での現役時代にファンから屈辱を味わった新庄監督……62
阪神時代に野村さんの指導を仰いだことは大きな財産となった……65
ノムさんいわく、「新庄はおだてて木に登らせたほうがいい」タイプ……66
立浪監督と新庄監督に見る、マスコミへのコメントの違い……68

清宮に発した「デブじゃね？」は大きな話題を呼んだ……70
現役時代に屈辱を味わうことも、指導者として必要な素養……72

第3章 立浪監督が学ぶべきだった野球人とは……75
広岡さんと野村さんの共通点とは……76
広岡さんがビリー・マーチンから教えてもらったこと……78
今でも印象に残っている、野村さんの言葉……80
投手があえて捕手をやることの意味……82
立浪監督と星野さんの違いは、こんなところにある……83
川上さんと仲良くなった星野さん……86
精神修行は星野さんにとってつらいものでしかなかった……87
どこかのタイミングで野村さん、広岡さんと野球談議をしてほしかった……89

第4章 立浪監督がドラゴンズで学ぶべきだった3人の監督……91
高木さんと山田は自分を試合で使ってくれた「いい監督」……92

星野さんの「鉄拳制裁の真実」を見た瞬間……94
星野さんが主軸選手に求めていたもの……96
星野さんなら中田と中島を獲得していない……98
星野さんがドラゴンズで優勝できた理由……100
監督の右腕となるヘッドコーチは、友達じゃないほうがいい……101
島野さんに全幅の信頼を寄せていた星野さん……103
川上哲治さんがヘッドコーチに選んだ牧野茂さんという人……107
「お友達内閣」で勝てるほどプロは甘くない……109
立浪と落合ではまったく異なる野球観……112
グラウンドを離れたマスコミへのリップサービスに欠けていた落合……115
森繁和の功績は、格安の外国人助っ人を発掘したこと……116
「ドミニカルート」について、もっと知っておくべきだった……118

第5章　私が考える、中日が優勝するための改革案……123

勝つための戦力が少しずつ揃ってきたドラゴンズ……124

ドラゴンズが「中京圏出身の選手」を懸命にドラフトで獲得していたワケ……126
名古屋にもう一つ、ライバルチームを作るべき……128
西武が名古屋に移転すべき理由……131
球場までの移動時間が長いと、選手は疲弊してしまう……133
本音を言えないOB解説者にメスを入れよ……135
たとえ古参でも、柔軟な発想を備えたOBこそ大切にすべき……137
「声をかけてはいけないOB」も、実際にいることを忘れるな……140
監督を現役時代のネームバリューで選んではいけない……141
「仲良しクラブ」の首脳陣では勝てない……144
ファンの声に左右されない球団経営を……147
「バンテリンドームの外野にホームランテラスを作る」ことを実行すべき……150
それでもうまくいかないなら、いっそのこと中日は球団を手放すべきだ……153

第6章 名監督はどういう条件の下で生まれるのか

第6章 名監督はどういう条件の下で生まれるのか……155
今は15年以上の長期政権が担えないシステムとなっている……156

野村さんが言っていた「捕手出身者に名監督が多い」は真実ではない……157
外野手出身者にも名監督と呼べる人材が出てきた……159
野村さんの主張は「前例のなさによって作られた迷信」だった⁉……162
野村さんでも失敗した、
「弱いチームは弱いチームのまま終わった」ケース……164
名監督が弱いチームを率いて失敗するケースは他にもあった……166
巨人の監督養成システムは12球団一と言っていい……168
もしも原辰徳がドラゴンズを率いていたら……171
小久保裕紀と阿部慎之助の「監督としてお手本となった人」とは……173
野村さんが言っていた、
「次世代の監督を育てなかったのはオレたちの責任」……176
名監督になる人は、名監督の下で学んでいる……177

第7章 「ミスタードラゴンズ」にセカンドチャンスを！……181

監督からコーチになった野球人はたくさんいる……182
今でも忘れられない、監督の退任が決まった直後の原の顔……184

原は野球以外のことで勉強を重ねた……188
「ミスタードラゴンズ」は監督として優勝していないという事実……190
メジャーのやり方を検証することはふんだんにある……193
佐々木と戸郷、どちらがチームに貢献しているか……196
ウエイト熱が小笠原慎之介と髙橋光成をダメにした……198
立浪はこれまで培ってきた野球観を見直す時期がきた……200
次は「ミスタードラゴンズの成功」を見たい！……202

おわりに……206

第1章　立浪采配は批判されるべきなのか？

「あんな選手を使いやがって」という声を、私はこう考える

プロ野球の監督というのは難しい職業だ。「勝てば官軍、負ければ賊軍」、まさにこの言葉がぴったり当てはまるからである。

２０２２年から中日で指揮を振るっていた立浪監督を見るたびに、私はこの思いを強くしたものだ。

「ミスタードラゴンズ」の看板を背負って、監督就任の際には三顧の礼で迎えられ、それまで活躍できていなかった新たな若手選手を発掘、グラウンドで躍動し、チーム成績はみるみる上昇していく――。多くの中日ファンは、そんな思いを描いていたに違いない。

だが、結果はまったく違った。２０２２年、23年シーズンと連続で最下位に沈み、24年シーズンも開幕当初こそ首位戦線に躍り出て、「今年は違うぞ！」というところを見せていたのだが、シーズン半ばが過ぎて佳境に入ってくると、気が付けばヤクルトと最下位争いを演じ、４年連続でのシーズン負け越しと3年連続の最下位が決まった。

「今年はこんな中日になるはずじゃなかった」

そう考えるのはファンだけではなく、立浪監督以下、首脳陣もそうした思いにいたって

いるはずだ。

監督に就任して1年目に最下位に沈んだときには、「来年からが勝負だ」と多くのファンが好意的に受け止めていたが、2年目になると「おいおい、今の采配は何だったんだ？」と疑問を呈する声が増え、3年目になると「いい加減にしろ」「もうダメだ」と、退任論が浮上してきた。

たとえば、試合終盤の中日攻撃時にチャンスの場面が訪れたとする。そのとき代打策をとったものの、思うような結果が出せなかった。するとファンからは、

「こんなに絶好のチャンスにあんな選手を使いやがって、何を考えているんだ」

といった、文句の声が高らかに出てくる。２０２２年から23年シーズンの間、中日の負けが込んできたとき、お決まりのようによく聞かれた。

だが、私に言わせれば、こんなことなど一笑に付してしまう。なぜなら立浪監督は、チャンスの場面で期待を込めて起用してみたわけで、責任があるとしたら、監督よりもその場面で結果を出せなかった「あんな選手」ということになる。つまり、非難の声を向けるのであれば、監督だけでなく、選手にも同時に発しなければならないというわけだ。

しかし、今は試合結果がよくない場合は、選手以上に監督に批判の声が向けられがちだ。

2023年シーズンでいえば巨人の原辰徳監督がまさにそうだったし、24年シーズンは立浪監督にそうした声が向けられた。それだけに、「監督というのはしんどい職業だな」と思わずにはいられないのである。こうした批判の声はすべて正しいのかどうか、私は疑問を抱かざるを得ない。

立浪監督は「正しい野球理論を備えた監督」である

立浪監督に対する批判において、多く聞かれたのが「指導手腕を疑問視」する声だった。「選手に厳しすぎるじゃないか」「自分が掲げる高い理想を、選手に押し付けすぎていないのか」――。そんな声も聞かれたし、挙句には「実は立浪監督は怖い人なんじゃないのか」と、一方的な人格批判を繰り広げる人まで出てきた。

けれども、私はこうした声には「ノー」と否定しておきたい。それには二つの理由があるからだ。

まず「選手に厳しすぎるのじゃないか」「自分が掲げる高い理想を、選手に押し付けすぎていないのか」ということについては、「正しい野球理論を備えている」と言いたい。

打撃にしろ、守備にしろ、彼の考えには納得のいくものが多い。たとえば打撃については、体の開きを抑えるコツや、バットを強く振る方法、相手投手のウイニングショットを打つ秘訣など、彼なりの理論をきちんと備えている。ここでは詳しい技術は省かせてもらうが、彼が高い技術を追い求めていることは、一緒に解説をして話を聞いているなかでよくわかった。そのうえで、

「バッティングは十人十色。『こうすれば必ず打てる』という絶対的な打ち方はない」

ということも、立浪本人はよく理解していた。

２０２３年シーズンまではよく、「立浪は監督という立場で選手に打撃技術を指導していた」という記事を目にすることがあったが、個々の選手の特性を見抜いたうえでアドバイスしていたということも、旧知の記者たちからたびたび聞いていた。それだけに、中日ファンが言うほど、間違った理論を押し付けているようなことはなかったと、私は見ている。

選手指導を行った監督は、過去にもいたので、決して珍しいことではない

昔は監督でありながら、「教え魔」と呼ばれる人が実際にいた。ロッテ（１９７９～81

年）、中日（１９８４～86年）時代に監督を務めた山内一弘さん。そして、西鉄（１９６２～69年）、日本ハム（１９７４～75年）、阪神（１９８０～81年）で監督を務めた中西太さんらが好例だ。両者に共通するのは、いずれも指導者になってからは「打撃職人」と呼ばれていた点である。

それぞれ熱心に選手を指導していた姿が印象深い。山内さんは、通算２２７１安打を放ち、首位打者1回、本塁打王2回、打点王4回のタイトルを獲得。一方の中西さんは、首位打者2回、本塁打王5回、打点王3回のタイトルを獲得。コーチとしての説得力は十二分にある。

山内さんは時間を忘れて打撃指導する様子から、当時のCMをもじって「かっぱえびせん」の異名をもらうほどだった。時には敵味方を離れてライバルである相手チームの選手にまで教えていたというのだから、恐れ入ったというほかない。

山内さんとは私が阪神に移籍した１９７６年から2年間、打撃コーチとして同じユニフォームを着ていた。打者連中には山内さんはまず、

「ボールは何カ所、とらえるポイントがあるか知っているか？」

と質問してきたという。答えに窮していると、山内さんはこう答えた。

「5カ所だよ。上、下、右、左、真ん中だ」

そんなにボールをとらえるポイントがあるなんて誰一人として考えたことがなかった。

そのうえで、

「空振りをするときは、ボールの下の部分を狙いなさい」

そうすることで、スイングの軌道が水平になるというわけだ。

「とにかくバットを振らされていた思い出が強く残っていますよ」

そう証言するのは、のちに阪神の4番に座った掛布雅之だった。掛布以外にも山内さんの指導を受けた当時の阪神の選手はもちろんのこと、他のチームで山内さんの指導を仰いだ選手全員が同じような証言をしていたこともここに付け加えておく。

私が中西さんに教わった打撃技術とは

私が最も印象深いのは、阪神で3年間、同じユニフォームを着て戦っていた中西さんである。1979年に一軍打撃コーチとして就任され、ドン・ブレイザーが退任した80年から監督の座に就いた。

今でもよく覚えているのは、「中西さんの教え方は実に的確でわかりやすい」ということだ。

あるとき、甲子園球場のバックネット裏で、中村勝広、川藤幸三、掛布雅之の3人がティー打撃を行っていた。よく見ていると、三者三様のやり方で取り組んでいたので、不思議に思った私は、タイミングを見て掛布のところに近寄り、「どうしてみんな違うやり方で打っているの?」と尋ねると、彼はこう答えた。

「中西さんから出された処方箋が3人それぞれに違うんですよ」

中村、川藤、掛布の3人は修正箇所が違う。そこでティー打撃では「それぞれが違ったかたちでアプローチしてみなさい」というのが中西のアドバイスだったのだ。

すると、私が先発したその日のナイトゲームで、掛布は複数安打を放つ。しかも一本は高々と舞い上がったライトスタンドへホームランだった。ベンチに戻ってきた掛布を迎え入れた中西さんは、

「なっ、ワシの言ったとおりに打ったらよくなっただろう?」

と満面の笑みを浮かべていた。

話はこれにとどまらない。私が小林繁と並んで打撃練習を行っていたとき、中西さんが

近寄ってきた。当時は投手が打撃練習を行っていても、指導者が手取り足取り指導するなんてことはなかった。なぜなら投手は「9人目の打者」ではなく、「9番目に立っている打者」だという認識が球界全体でまかり通っていたからだ。

けれども私が打撃ケージで4、5球打ったところで、「エモ、ちょっといいか」と中西さんが私を手招きすると、こんなアドバイスをくれた。

「軸足のひざの使い方が間違っている。こうしてみたらどうだ？」

私は中西さんにアドバイスされた通りにバットを振ってみると、以前よりもスムーズにバットが振れているように感じた。再び打撃ケージに入って打撃練習を行うと、いきなり「カーン」とバットの芯に当たった打球が左中間に伸びていった。

「エモ、それや。その感覚を忘れるなよ」

中西さんは笑みを浮かべながらそう言っていた。

さらに小林のところに近寄ると、何やら私とは何やら違うアドバイスを送っているように見えた。そして小林が打撃練習を再び始めると、右中間方向に大きな打球が飛んでいった。それまでは三遊間にいい打球が飛んでいても、高々と大きな当たりを飛ばすことはできなかった。

そこで私は中西さんに、「僕と小林とでは、アドバイスするポイントがどう違うんですか?」と質問すると、こんな答えが返ってきた。

「エモはひざの使い方、小林は股関節の使い方をほんのちょっとだけ修正すれば違ってくると思っていた。それにお前さんは身長が188㎝あるのに対して、小林は178㎝しかない。体格に差があると指導するポイントもそれぞれ違ってくるものなんだよ」

私はこのとき中西さんに対し、「打撃のことをむちゃくちゃ研究しているな」と感心してしまった。選手を指導するときのポイントは十人十色であり、指導するポイントが全員異なるものだということも知っていた。だからこそ、選手は「この人なら任せられる」と信頼を寄せていたのだ。

選手が技術を会得できなかったとき、どんなことを考えていたのか

翻って立浪監督である。どうして彼が指導した選手は結果を出せなかったのか。考えられる理由としては、「選手に監督の指導を消化するだけの能力がなかった」ということが挙げられる。

打撃というのはたとえ今日よくても、明日になれば前日にできたことがさっぱりできなくなってしまう、ということは往々にしてあることだ。しかも1打席の凡打、もっといえば1球の空振りで感覚が狂ってくる。だからこそ「3割打てば一流」と言われるのだ。

それでも打撃にはあらかじめ知っておかなければならない要諦というものがある。言い換えれば打撃の基本というわけだが、「打つための打撃フォームをきちんと会得しておけば、打てるようになり、やがて結果もついてくる」というわけだ。

立浪監督が選手を指導する。選手はアドバイスされた技術を会得するため必死に練習で取り組む。ここまではいい。問題はその先にある。

いつまでたっても会得できないとなったとき、「違う方法でアプローチしてみよう」と考えるのか、それとも「コイツには何を言ってもダメだ」と見切ってしまうのか。ここが選手を指導するうえでの分岐点となる。

立浪監督はＰＬ学園時代、キャプテンとして１９８７年の甲子園で春夏連覇を達成。その年のドラフト1位で中日の指名を受けて入団し、将来を嘱望された。その期待通りに1年目に新人王を獲得し、以降２００９年まで現役生活を送った。通算２４８０安打は歴代8位、二塁打４８５本は、２０２４年現在史上1位の記録である。

現役時代、これだけの記録を残せたのは天賦の才によるところが大きい。もちろん本人は努力もしたというだろうが、人並み外れた打撃技術があったということは、他の野球選手に比べて才能があったと考えていい。それだけに、「どんなに教えても、できない人の気持ちがどれだけ理解できているか」という部分については、疑問符がつく。

技術を会得するには、当然のことではあるが時間が必要だ。1週間、2週間でモノにできればベストだろうが、事はそう簡単なことではない。1か月、2か月、3か月……と経過していくなかで、「あっ、これだ」という打撃の技術を会得できるかどうかは、人それぞれであり、できる人もいればできない人もいる。

これは、その人が生まれ持った能力だけでなく、体の柔らかさや筋肉の強さといった、天性のものも含まれるために生じてしまうことは間違いない。だが、できなかった場合、たんに「できない」と言って評価を下げて見放すべきではないと私は考えているのだが、もしも監督の教えた通りにできなかった場合には、どうしていたのか。この点については、立浪監督が3年間、指導していたときの課題だったのではないだろうか――。

「お前、変わらんかったな」といって中日からDeNAにトレードで移籍した京田陽太、日本ハムに移籍して才能が開花した郡司裕也などは代表的な例だろうが、この点については課題があったんじゃないかと考えさせられてしまう。

「臨時コーチ」は弊害だらけの存在でしかない

もう一つ、立浪監督の課題として挙げるならば、「監督になる前にコーチの経験を積んでおくべきだった」ということである。これは何も中日でなくてもいい。11球団のどこかのチームで経験しておくのがよかったんじゃないかということだ。

よそのチームで指導することには、大きなメリットがある。古巣である中日以外の野球を知ることができるうえ、どういうプロセスを経てその選手が成長していくかを、つぶさに見て、知ることができることだ。もちろんセ・リーグとかパ・リーグは関係なく、またチームが強い、弱いも関係ない。とにかく縁あってユニフォームを着ることが大切なのである。

よく春や秋のキャンプに臨時コーチとして呼ばれるＯＢがいるが、臨時コーチはあくまでも臨時であって、契約したわずかな期間しか指導できない。これでは選手からすれば、「この期間だけ聞いておけばいいや」という割り切りが生じてしまうし、教える側がもし今後も本気で指導したいと思っても、正式に球団とコーチ契約しないと、その思いは実現しない。

　実際、ある球団でこんな話を聞いたことがある。

「臨時コーチが来ると、品評会や発表会の場になってしまうことが多いんです」

　どういうことですか？　と私が聞くと、

「臨時コーチ自身が練りに練ってきた練習法だったり、目先の変わった指導を行って、『こんな方法もあるんですよ。どうですか？』と言わんばかりに発表する場になってしまっているんです」

　そうした指導を選手は真に受けるのかと言われればそんなことはなく、あくまでも臨時コーチの言うことを聞くのは、そのコーチが存在する期間だけ。それが終われば、これまで通り、既存のコーチの指導法に従っていくことのほうが多いそうだ。

　その結果、キャンプでは熱心に教えたはずなのに、いざオープン戦、シーズンインしていくと、自分が指導した通りの結果が残せずにいる——。そんなことがたびたびあったのも事実なのだ。

　立浪監督自身、監督に就任する直前の２０２１年２月の春季キャンプで中日の臨時コーチとして呼ばれ、根尾昂や岡林勇希、京田陽太といった、彼と同じ右投げ左打ちの選手を指導していたが、おそらく指導を重ねていくうえで「この練習を継続してやってくれるだろうか」という不安や、「ここまでしか教えることができないのか」という限界のようなものを感じたはずだ。

指導者として、さまざまな球団を渡り歩くことのメリットは

山内さんと中西さんの話に戻るが、彼ら２人と立浪監督とで決定的な違いがある。それは、「さまざまな球団を渡り歩いて選手を指導していた」かどうかである。

山内さんと中西さんのそれぞれ引退後のプロセスを見ていきたい。

山内さん：現役引退（１９７０年）―巨人（１９７１～74年）―阪神（１９７５～77年）―ロッテ（１９７９～81年）―中日（１９８４～86年）―巨人（１９８７～89年）―オリックス（１９９１～93年）―阪神（１９９５年）

中西さん：現役引退（１９６９年）―ヤクルト（１９７１～73年）―日本ハム（１９７４

〜75年）―阪神（1979〜81年）―ヤクルト（1983〜84年）―近鉄（1985〜90年）―巨人（1992年）―ロッテ（1994年）―オリックス（1995〜97年）

こうして見ていくと、現役時代を過ごした球団以外からも声がかかっていることがわかる。ということは、コネで打撃コーチの仕事を得たわけではなく、打撃指導の技量を買われての入団となっていたのだろう。

それだけではない。2人が在籍していた当時の球団には、チームの看板となる主力選手がいた。たとえば山内さんが巨人に所属していた1971年から74年といえば、長嶋茂雄さんや王貞治さん、柴田勲さんらがいたし、その後1975年から77年の阪神には、田淵幸一さんや掛布、ロッテの監督時代の1979年から81年と言えば。張本勲さんや落合博満らがいた。

中西さんだって同じことが言える。ヤクルト時代の1983年から84年は、大杉勝男さんや若松勉、近鉄時代の1985年から90年は栗橋茂や新井宏昌、オリックス時代の1995年から97年といえば、あのイチローが在籍していた。

このように、いろいろな球団から声がかかるということは、チームを代表する名選手との出会いが待っている。そこで自分の理論が選手に合うのかどうか、見極めながら指導するのは、指導する側にも財産となっていく。山内さんと中西さんは、多くの選手を指導していくなかで、得られたものは大きかったはずである。

「指導者としての経験値」が足りなかった立浪監督

話を立浪監督に戻す。

理論はたしかなものがあったが、彼に足りなかったものを挙げるならば、「指導者としての経験値」だろう。

もし彼が、現役引退してから中日以外の球団で指導者としてお声がかかってユニフォームを着るような機会があったら、中日は監督として立浪を招聘することはなかっただろうか？　私はそうは思わない。

「よその球団に呼ばれたということは、指導者として確固たる理論が評価されたからに違いない」

と彼自身の評価は上がっているはずだ。

けれども立浪は中日の監督になるために、あえてよその球団での指導者になるという選択をしなかった。こういう発言をすると、今の時代では問題視されるかもしれないが、立浪が中日から監督要請の声がかかるまでの期間というのは、まるで婚期を逃した女性が、理想の男性を今か今かと待ちわびて、ようやくつかんだ花嫁の座だった……というのと、同じ状況のように思える。

いろいろな球団で指導するのは、次のようなメリットがある。

山内さんや中西さんのように、他球団の選手を指導することで、さまざまなサンプルが入手できるし、それが自分の指導者としての財産になっていくのだと、立浪に気づいてほしかった。そうアドバイスしてくれる人が、彼の周りにいなかったとしたら、残念でならない。

それに、「将来、オレは監督になるんだ」という気概があるのであれば、他のチームの監督の采配をじかに見られる経験も財産になることは間違いない。

たとえば同点で9回裏ノーアウト満塁という絶体絶命のピンチの場面が味方に訪れたとき、守備隊形はどう引いたらいいのか、相手の打者にはどんな球種で、あるいはどんなコースを攻めていけばいいのかなど、その監督の意図する考えを吸収できるというのは、自分にとってプラスになることはあっても、決してマイナスになることはない。

誰が言ったかは知らないが、よく「名選手、名監督にあらず」という格言が野球界にはびこっている。だが、現役時代に名選手と謳われた人が、監督として評価される人材になれるかどうかは、もともと監督としての資質に長けていたのか、あるいは勉強を重ねてそのスキルを身につけたかのどちらかしかない。

結果的に立浪監督は、後者の部類にあてはまるのだが、そうだとしたら、解説者の席でああだこうだ論評するのではなく、どんな肩書でもいいから、若い選手たちと一緒に汗をかきながら自身の野球理論を磨いていくということを、もっと貪欲に行うべきだったんじゃないかと、私はつい考えてしまうのである。

立浪監督は真面目過ぎる性格が災いした？

「実は立浪監督は怖い人なんじゃないのか」といった、一方的な人格批判についてであるが、これも一笑に付するしかない、というのが私の答えである。

たしかに一部では選手との間でうまくいってないというようなネガティブな記事が出ていたが、私個人の感覚で言えば、立浪は決して周囲に偉ぶったり強権的な振る舞いをしたりするようなことはない。どちらかといえば紳士的で、自分より目上の先輩に対しての気遣いがあり、実に真面目な男であるという印象が強い。

2023年のオフシーズンに、左腕の小笠原慎之介がテレビのバラエティー番組に出演したとき、

「(バンテリン)ドームで、背番号73(立浪監督の背番号)のタオルを持っている人は、強面の人が多いんですよね」

と笑いをとっていたが、こうしたことが選手から出るところを見ると、立浪監督と選手との間でのコミュニケーションはしっかりとれていたと見るべきだろう。

だが、その「真面目さ」というのが、ともすれば「生真面目すぎて面白みがない」と思われてしまう面があるかもしれない。

今から5年前、名古屋のテレビ局から私に、中日戦の解説のオファーがあった。

「実況アナウンサーをつけませんので、ご自由にしゃべってください」

私は、「テレビにしてはずいぶん画期的なことをやるんだな」と、感心してしまった。

さらに、このときもう一人、解説者をつけるという。それが立浪だった。彼の名古屋での人気は絶大なものがある。それを視聴率に反映できるだろうという読みが、当時のプロ野球中継を担当するプロデューサーにはあったのだ。

そうしていざ中継が始まり、立浪と自由にしゃべるのかと思いきや、

「さて、２回の裏、ドラゴンズの攻撃でバッターは〇〇です」

と、立浪はまるで実況アナウンサーのように話していたのだ。私は、

「バッターの〇〇はこの打席は何を狙ってきそうですかね？　僕は変化球だと思いますよ。その理由は……」

などと、一方が勝手にしゃべって話を広げていくスタイルをとってくるものだとばかり思っていたので、立浪がアナウンサーのようにしゃべりだすようなことになるとは想像もしていなかった。

そうしてやりとりが続いて中継が終わったのだが、野球中継の進行スタイルといい、話している内容といい、今でも「真面目だった」という印象が強く、それ以外のことはあまり覚えていない。ただ、彼の采配を見るにつけ、そうした真面目さが随所に出ている。

立浪監督は奇襲をかけるような、相手に「えっ⁉」と思わせる采配はほとんどない。基

本はオーソドックスで、セオリー通りの野球に終始している。それで勝ちを拾えていればいいのだが、結局、最下位付近をウロウロしているということは、残念ながらうまくいってないと見るべきだろう。

詳しくは後述するが、立浪監督は現役時代、引退後の野球評論家時代を通じて、お手本となる野球を学んでいなかったゆえの結果だと私は考えている。この点については、「先々『監督になりたい』という未来設計をしているのであれば、もっといろんな人の野球を勉強すべきだったんじゃないか」

と、私などはついつい言いたくなるが、もはや「後悔先に立たず」という状況であることに変わりはない。

中田翔が中日で求められた役割とは

2023年の暮れ、巨人を退団した中田翔を獲得した。巨人時代と同じ年俸3億円で獲得したベテランの大砲に対して、「これで来シーズンのクリーンナップのメドがついた」と喜ぶドラゴンズファンも多かったはずだ。

一方でこんな懸念も聞かれた。

「巨人時代の中田はケガでリタイアしてばかりだったけど、その点は大丈夫なのか？」

図らずもその嫌な予感が当たってしまった。開幕戦となる神宮球場でのヤクルト戦では、「4番・一塁」で出場、いきなり本塁打を放つなど、スタート時は上々の活躍を見せたが、その後は相次ぐケガに見舞われ、期待されていた数字とはほど遠い結果に。シーズン終盤は二軍暮らしを余儀なくされた。

このように見ていくと、「中田は獲る必要がなかった」「巨人が中田と契約しなかったのは正しかった」などという声も聞かれるが、私は中日に来て正解だったと思っている。

まず、巨人では出番がなかった。巨人の首脳陣としては、たしかに三塁にコンバートした坂本勇人の不振は想定外だったのかもしれないが、一塁に大城卓三、三塁に岡本和真の布陣で戦うことができたし、不振の選手よりも「いつケガで戦線離脱するのかわからない」選手のほうが、起用するリスクが大きすぎて使えないと判断されてもおかしくなかった。

その証拠に、中田の活躍は中日でも長続きしなかった。開幕戦では、山内一弘さんに次ぐ史上2人目となる3球団での開幕戦本塁打を記録。鮮烈な滑り出しを見せたものの、開幕から9試合目で下半身のハリで欠場する。以降は先述した通り、左足首や右太もも裏の違和感などが原因となって、思うような成績が残せずにいた。その結果、多くの中日ファンから、冒頭の声が多く出るようなこととなった。

だが、私は中田獲得については、たいへん意味があったことだと思っている。その理由は、「細川成也を『真の中心打者』にすることができたから」だ。

細川は第1回目の現役ドラフトを経て、2022年オフにDeNAから移籍してきた。当初は「その他外野のレギュラー候補の一選手」に過ぎないと思われていたのだが、2023年シーズンに入るとメキメキと頭角を現し、4月12日の広島戦で5番に座ると、その後もおもにクリーンナップで出場し続け、6月8日の楽天戦から4番を任された。その後の活躍はご承知のとおりである。

一方で中日は細川に4番として活躍し続けてほしいと期待するものの、まだまだ経験値が足りない。そこで中田の獲得である。

巨人時代、中田は相次ぐ下半身のケガで戦線離脱を余儀なくされていた。監督も原辰徳から阿部慎之助に代わり、阿部は中田の起用法を「代打で」と明確にしていた。「まだまだレギュラーを張れる」と考えている中田にしてみれば、代打専門の起用というのは不服だったことは間違いない。

そこで年俸を巨人時代と変わらない厚遇で迎えてくれた中日に移籍したのだが、彼の体の状態を考えると、シーズンを通しての活躍など望めないだろうと見ていた。

案の定、私の見立てどおりだった。日本ハム時代のような活躍を望めるコンディションからはほど遠く、もはや峠を過ぎた選手に成り下がっていた。

けれども彼の打席でのたたずまいやネクストサークルで待ち構える雰囲気は、今の中日の選手にないものを持ち合わせている。昨年、４番に座ることが多かった細川にも、まだまだ中田のような存在感はない。そうしたものを、中日のフロントは学んでほしいと考えていたのだとしたら、中田の獲得はまさに正解だったといえる。

ただ、来季以降、中田を待ち受けているのは、巨人の最後の年と同じようにいばらの道になってしまった。技術に確かなものがあることは立証済みだが、いかんせんそれを使いこなせるだけの肉体がない。２０２５年シーズンの中田にとっては、現役生活最後の戦いと腹をくくって臨む必要があることは間違いない。

根尾昂の起用法は投手ではない！

中日ファンの間で、いまだに根強い問題となっているのが、「根尾昂の起用法」である。高校時代、大阪桐蔭の中心選手として2018年の甲子園春夏連覇に大きく貢献。ドラフトでは中日、巨人、日本ハム、ヤクルトの4球団が競合し、中日が交渉権を獲得した。

高校時代は投手と遊撃手の二刀流だったこともあり、「どちらのポジションでも才能を発揮するんじゃないか」と期待されていたが、守備力もさることながら、肝心の打撃でも力を発揮できずに、入団3年目の秋に立浪新監督と出会うことになるのだが、ここからポジションが二転三転していった。

2022年3月8日のNPBの公示では「外野手」登録となっていた。前年も一軍の試合に出場していたときには、外野を守っていたからこのことに違和感はない。

だが、開幕して1か月も経たない4月21日には、立浪監督から「遊撃」へのコンバートを告げられた。この時点で中日の二遊間は阿部寿樹と京田陽太が守っていたものの、根尾にも内野でチャンスを与えようとする立浪監督の考えは、まだ理解できる。

問題はその後だ。シーズン半ばになろうとしていた6月13日に立浪監督と根尾は話し合う。それにより、この年は投手と野手の二刀流としてプレーし、２０２３年シーズンからは投手一本で勝負することが決まったのだ。私は正直、「投手としては無理だろう」という思いが強くあった。

たしかに中継ぎで、年4〜5回程度投げるというのであれば、一軍のマウンドでも通用するかもしれない。だが、シーズンを通して先発で起用するとなると、かなり厳しい。最大の理由は、「ここでストライクを投げたら打たれる」と察知する嗅覚が足りないことである。

高校であれ、大学であれ、社会人であれ、アマチュアの世界で活躍した投手がプロの世界に飛び込んできたとき、すぐにプロで通用する投手とそうでない投手とに分けられる。このとき重要なのは、「危険を察知する能力があるかどうか」だ。

投手が打者と対峙したとき、「初球から振ってくるな」とか、「ここはじっくり待球してくるな」という雰囲気がわかる者もいれば、わからない者もいる。アマチュア時代は投手のほうが能力的に優れているという理由で、何も考えずとも抑えられたとしても、プロの世界ではそうはいかない。このとき身につけていなければならないのが、危険を察知する能力である。

どうも根尾を見ていると、この能力が備わっていないように思える。実際、マウンドに上がってもストライクを取るのに必死で、余裕のなさばかりが目立つ。

2023年シーズンの根尾は中継ぎでうまくいっていた。このときは怖いもの知らずで、「投手の練習をしていないのだから、打たれて当然」と開き直った意識でピッチングをしていたように、私の目には映っていた。

だが、投手の練習を積んだ2024年シーズンは、1年前には感じていなかった壁にぶつかった。ストライクを取るのに必死で、ウイニングショットとなる球種もいまひとつ。二軍でも思うように実績を残せないとなれば、根尾の居場所はなくなってしまう。

今の中日の一軍の先発陣を見ていくと、柳裕也、大野雄大、小笠原慎之介、高橋宏斗の4本柱が盤石なだけに、残り2枠を巡って他の投手との争いになってくる。遊撃手、外野手のいずれもが中途半端に終わってしまっただけに、投手としてプロでの生き残りを懸けたときに、どれだけ「もう後がない」と思えるのか。残念ながら今の根尾からはその覚悟が見えてこない。

「どこもそこそこできる」、器用貧乏な根尾

立浪監督が悪者のように聞こえるかもしれないが、私は「チーム内で根尾を生かすには、どのポジションがいいのか」ということを、熟考した末の投手転向だったように思える。

「根尾を野手にして打撃を指導すればいいじゃないか」という反論があるかもしれないが、根尾の打撃に難があることは立浪監督も承知のはずである。なぜなら、監督に就任する直前の、２０２１年2月の春季キャンプで根尾の打撃をじっくり見ているからだ。

立浪監督はこのとき、根尾本人の打撃の欠点に気づいて、「こう直したらいい」とアドバイスを送っていたはずだし、根尾もそれを受けてシーズンを通して練習に取り組んでいたはずだ。それにもかかわらず、9か月後の秋季キャンプで根尾を見たとき、「全然欠点が直ってないじゃないか」と感じたはずだし、欠点と呼ぶべきクセはそう簡単には直せるものではない、ということにも気づいたはずだ。

では、どうして根尾は高校時代に打てたのか？　それは当時使用していた金属バットと関係しているかもしれない。

高校野球では、２０２４年春のセンバツから新基準の低反発のバットに変わったが、そ

れまでは当たれば飛ぶバットだった。ウエイトトレーニングをやって筋肉をつけて、速く鋭いスイングを身につければ、ボールが遠くに飛んでいく。根尾はそうした時代の高校球児だったこともあり、高校時代に通算32本塁打を打つことができた。

ただ、プロではそうはいかない。技術的な欠点があれば、そこを修正しなければ打てないし、そのために一定の時間を要することになる。思うような打撃ができない現状に、根尾本人はもどかしさを感じていただろうし、現役時代に通算2480安打を放った立浪監督だからこそ、「打者ではなく投手」という判断をしたのだろうが、今のままでは「投打ともにそこそこできていたよね」という選手で終わってしまうのではないか——。少なくとも私はそう見ている。

最大の懸案事項だった、「二遊間問題」は解決しつつある

立浪監督の3年間で、ファンがヤキモキした問題の一つに挙げられるのが、「二遊間を誰にするのか」ということである。

それまでセカンドを守っていた阿部寿樹、ショートを守っていた京田陽太は2022年

オフにトレードで放出し、誰がレギュラーをつかむのかと注目されていたが、最後の最後でどうにか形がまとまってきた。

２０２２年秋には、立浪監督自らドラフト候補生が試合に出場する球場に足を運び、ドラフト２位で明治大学の村松開人、ドラフト６位で亜細亜大学の田中幹也を指名。彼らは、ブレイクするまであと一歩のところまできている。

当時の立浪監督の心境は、「自分の目で確かめたうえで指名したい」ということだったと想像できるが、アマチュアのなかではトップクラスでも、いざプロの世界に入ったら埋もれてしまうなんてことはよくある話だ。なぜならプロとアマでは走攻守あらゆる面でスピードやキレ、正確さにおいて、雲泥の差があるからだ。

仮にたとえルーキーイヤーだけ成功したとしても、２年目にはまったく通用しなかった、なんていうこともザラにある。俗にいう「２年目のジンクス」というやつだが、今年の巨人でいえば門脇誠が代表的な例である。

１年目は１２６試合に出場しシーズンを通して打率２割６分３厘を残し、守備面では幾度となく巨人の窮地を救い、２年目の今季は長年ショートで貢献してきた坂本勇人を押しのけてレギュラーに定着すると思われていた。

だが、攻守にわたって精彩を欠き、シーズン中盤までは思うような成績が残せずに苦しんでいた。これはある意味、仕方がない。なぜなら、各チームとも門脇のことを研究してきたからだ。

プロはアマチュアと違って、一回、あるいは数回対戦したら終わり、というわけにはいかない。この先何十回、何百回と対戦を重ねていく可能性があるのだから、走攻守にわたってどこかに欠点がないか見ていくものだ。

かつて私が南海時代の監督だった野村克也さんは、

「短所がなければ長所を探せ。その近くに短所は必ずある」

と言っていたものだが、門脇も多角的に分析されて相手チームの術中にはまってしまった感がある。それを乗り越えるのは自分自身以外にないのだが、こうしたことは門脇に限らず、中日の選手とて例外ではない。村松にしろ、田中にしろ、あるいは若手の土田龍空、福永裕基といった選手たちにも同じことがいえるわけだ。

そうなったとき、監督はどうするべきか。じっと辛抱しなければいけない時期というのは必ずある。若い選手が伸びていくためには、成長期があって、次に停滞期が訪れる。このとき監督が、「次、この選手を使おう」となると、どんなにいいものを持っていても、成長していかなくてはならないときに伸びなくなる、悪循環に陥ってしまうことだってある。

立浪監督はこうした「辛抱して待つ」ということができなかった。もちろんチーム事情があるのはわかる。Bクラスに低迷していれば、どうにかして「次はこの選手を使って打開策を見つけていこう」と考えたくなるものだ。

けれどもそれでは本当に使いたい選手は成長していかない。結果、選手起用においてもいきあたりばったりの采配に映ってしまう。これではチームの核となるべき選手は育たないし、チームは停滞したままだ。残念ながら立浪監督の3年間は、こうした采配が多く目についた。とはいえ、中日の二遊間問題は、村松と田中が2024年シーズン以上の成績を来季に収めることができれば、解決していくと見るべきだろう。

このように見ていくと、立浪監督の理論はたしかなものがあった一方で、采配面ではチグハグさが目立った。それもこれも「経験不足だった」の一言で片づけられてしまうのかもしれないが、それならば監督になる前にもっと指導者として経験を積むべきだったのでは――。そう悔やんでしまうのが、私の正直な気持ちである。

第2章

立浪監督と新井監督、新庄監督の違いについて、検証してみる

12球団の監督がどういったプロセスを経て監督になったかを見ていく

「プロ野球の監督になりたい」と思っても、「あの人に任せたい」という機運の高まりや、人との縁やタイミングなど、すべての条件が一致しなければおいそれとなれるものではない。これは、現在の12球団の監督にも同じことがいえよう。

ここで立浪監督の話をする前に、中日を除く11球団の監督が、どういうプロセスを経て現在の監督の座に就くに至ったのかを見ていく。※2023年度の公式戦の順位で表記

【セ・リーグ】

（阪神）　岡田彰布：現役引退（1995年）—阪神（二軍助監督96年、98年、二軍監督兼打撃コーチ99年、二軍監督2000年、02年、一軍内野守備走塁コーチ03年、一軍監督04〜08年）—オリックス（一軍監督10〜12年）—阪神（一軍監督23〜24年）

（広島）　新井貴浩：現役引退（2018年）—広島（一軍監督23年〜）

（DeNA）　三浦大輔：現役引退（2016年）—DeNA（一軍投手コーチ19年、二

軍監督20年、一軍監督21年～）

（巨人）　阿部慎之助：現役引退（２０１９年）―巨人（二軍監督20～21年、一軍作戦兼ディフェンスコーチ22年、一軍ヘッド兼バッテリーコーチ23年、一軍監督24年～）

（ヤクルト）　高津臣吾：現役引退（２０１２年）―ヤクルト（一軍投手コーチ14～16年、二軍監督17～19年、一軍監督20年～）

（中日）　立浪和義：現役引退（２００９年）―中日（一軍監督　22～24年）

【パ・リーグ】

（オリックス）　中嶋聡：現役引退（２０１５年）―日本ハム（一軍バッテリコーチ兼作戦コーチ18年）―オリックス（二軍監督19年、一軍監督20～24年）

（ロッテ）　吉井理人：現役引退（２００７年）―日本ハム（一軍投手コーチ08～09年、二軍投手コーチ10年、一軍投手コーチ11～12年）―ソフトバンク（投手コーチ15年）―日本ハム（一軍投手コーチ16～18年）―ロッテ（一軍投手コーチ19～21年、一軍監督23年～）

（ソフトバンク）小久保裕紀：現役引退（２０１２年）―ソフトバンク（一軍ヘッドコーチ21年、二軍監督22～23年、一軍監督24年～）
（楽天）今江敏晃：現役引退（２０１９年）―楽天（二軍打撃コーチ21年、育成内野守備走塁コーチ22年、二軍打撃コーチ23年、一軍監督24年～）、
（西武）松井稼頭央：現役引退（２０１８年）―西武（二軍監督19～21年、一軍ヘッドコーチ22年、一軍監督23～24年）
（日本ハム）新庄剛志：現役引退（２００６年）―日本ハム（一軍監督22年～）

このように見ていくと、12球団中9球団の監督が、引退後は現役時代にお世話になった所属チームで何らかの指導者経験を積み、その後一軍監督になっていることがわかる。チーム動向を逐一把握して選手の指導にあたることを、「一軍監督になるための下積み」ととらえているわけではなく、「勝てるチームをつくるための組織の一員」として考えていることが多い。

その証拠に、一軍監督になる前年までは、チーム内の何らかのポストに就いて選手指導にあたっていることがお分かりになるはずだ。

ＦＡ移籍で苦い思いをした新井貴浩

立浪監督以外に、現役を引退してからコーチ経験が一切なく、いきなり監督に就任したのは、広島の新井貴浩監督と日本ハムの新庄剛志監督である。新庄監督は次の項で詳しくお話しするとして、まずは新井監督から見ていきたい。

「新井監督と立浪監督の決定的な違いはあるのか」と聞かれたら、私は「ある」と明言できる。

２人の決定的な差は、「ＦＡで苦い思いをしているかどうか」ということだ。

新井は広島から２００７年オフ、ＦＡで阪神に移籍したのだが、在籍７年間で20本塁打を超えたことは一度もなかった。一方で２０１０年はキャリアハイとなるシーズン１７７安打、１１２打点を記録したものの、チャンスで凡退するシーンが多く、そのことで阪神ファンからは集中砲火を受けた。さらに阪神時代の最後の年となった２０１４年は94試合で打率２割４分４厘、３本塁打、31打点と、見る影もないほど散々たる成績だった。

「新井は阪神にはいらない」と阪神ファンからなじられ、失意のうち、広島に復帰。ここから新井は盛り返し、２０１６年からのセ・リーグ３連覇に大きく貢献し、18年限りで現役を引退した。

こう書いていくと、お涙頂戴のストーリーになっているように見えるが、私が言いたいのは、「阪神時代の屈辱が、今の新井監督を形成している」ということだ。

現役時代の新井は、FA宣言をして阪神に行くかどうかを迷っていた。生まれも育ちも（高校までだが）広島だったし、広島に愛着があった。それだけに、FAを取得した年のシーズン中は、残留しようと考えた日もあれば、「FAで厳しい環境に身を置いて、挑戦者の気持ちで野球に取り組もう」と考える日もあった。

ちょうど彼がFA宣言するかどうかで迷っていたとき、当時広島で解説者を務めていた大下剛史さんから電話があり、「ちょっと会ってほしい人物がいる」という相談を受けた。私はいったい誰なんだろうといぶかしく思っていると、大下さんの隣には新井がいた。

「彼はまだFAで阪神に行くかどうか迷っているんだよ。いいアドバイスを送ってあげてくれないか」

大下さんから話を聞いた直後、私は新井にこう伝えた。

「『ガキの頃から阪神ファンでした』って言えばいいんだよ」

このセリフは2001年12月、阪神の監督に就任したときの星野さんが会見の第一声で話したことである。当時の阪神は、野村さんがチームを率いて3年連続で最下位の体たらく。あげく沙知代夫人の脱税問題が浮上し、泣く泣く監督の座を追われた直後だった。チームは絶望的なほどの低迷期。そうしたなかでの星野さんの監督就任、そして先のセリフを口にしたこともあり、大阪の街は星野さん一色で盛り上がっていた。

一方で私は、この星野さんフィーバーを冷静な目で見ていた。

「いやいや、星野さんは小さい頃から巨人ファンで、巨人に1位指名されなかったことから、『打倒巨人』を掲げていたのに……。中日の監督時代も言い続けていたじゃないの」

ただ、そんなセリフを大阪のテレビ番組で口にしようものなら、全方向から猛バッシングを受けてもおかしくない状況だった。それほどまでに盛り上がっていたのだから、新井とて星野さん同様に、「ガキの頃から阪神ファンでした」と言えば、全国の阪神ファンが応援してくれることは間違いない。私はそう見ていたのだ。

だが、新井はそうしなかった。広島に対する感謝の念を述べ、目に涙を浮かべながらの会見となった。実直でウソのつけない新井らしいと言えばそれまでだが、阪神時代の彼は苦労に苦労を重ねた。とくに打てなかったとき、味方であるはずの阪神ファンからの痛烈なヤジは、内心では相当参っていたに違いない。

新井が監督になって掲げたことがある。それは「選手を批判するようなコメントはしない」ということだ。これは自身の現役時代の体験に基づいてのことなのだろう。どんなに打者が打てなくても、あるいは勝負どころで投手が打たれてしまっても、新井監督は選手を批判するようなことは一切しなかった。本当であれば、批判してしまったほうが気持ち的には楽になる部分もあるはずだが、それをグッとこらえて呑み込める度量があるのは、新井の人間性によるところが大きい――。私はそう見ている。

新井広島が優勝するための「脱・家族」「脱・兄貴分」のススメ

一方で新井監督に対して懸念していることがある。それは、「選手たちに対して兄貴分的な振る舞いをしている」ことだ。これは阪神の監督を務めていた矢野燿大（2019～22年）とかぶるところがある。

新井はチームを「家族」であると強調している。では新井が一家の大黒柱的な感じに見えるかと言われれば、決してそんなことはない。どちらかというと兄貴分的な振る舞いをしているように思える。

一般的に兄と弟というのは、「仲良く支えあう」という、微笑ましいイメージを持つ人が多いかもしれない。だが、それはあくまでも血縁関係上の兄弟であって、勝負の世界において情や絆を持つのは不要である。

新井監督は、できの悪い弟を見るにつけ、「まあまあ、しょーもないヤツだな」と思いつつ、なかなか二軍に落とせずにいるように思える。本来であれば、一軍で通用しないとなれば二軍に落とすのが当然だが、それが平然とできないのは、勝負の世界に不必要な「情」が入ってしまっていることの裏返しともとれる。

一軍で結果を残せなくても、田中広輔、松山竜平、堂林翔太らを一軍で重宝し続けた。新井にしてみれば、彼ら３人は２０１６年から18年までの広島がセ・リーグ３連覇したときの功労者であることは間違いない。とはいえ、最後に優勝した２０１８年から６年を経た今、彼らのプレーを見ていると、当時の力量があるとは思えない。それでも起用しようとするのは、「あのときの功労者である彼らの力に頼りたい」という期待する思いと、「何とか活躍させる場を与えたい」という情があったからだと推察している。

たしかに勝っているときはまだいい。兄弟の感覚で野球をやっていても、「仲が良くていいじゃないか」と称賛する人がいるかもしれないし、勝っているときほど変にいじらないほうがいいと考える人だっているはずだからだ。

だが、いったん負けが込んでくると、歯止めが利かないのがこの関係である。2024年シーズンの広島は、勝負どころの9月に、5勝20敗と大幅に負け越す。歴史的な失速とされるありさまだった。このとき監督は「非情」にならなければならないが、新井監督は負けが込んだときに修正ができなかった。この点については、2025年シーズンに向けての新井監督自身の課題と言えるだろうが、改善が図れなければまた今年と同じ道を歩んでいくことは間違いない。

2024年シーズンの広島は貧打にあえいだ。4番打者が不在なうえ、期待された助っ人外国人選手もほぼ期待外れに終わり、投打ともに日本人選手に頼らざるを得なかった。にもかかわらず、シーズン終盤まで優勝争いを演じていたのだから、「よくやった」という声があるのはたしかだ。

一方で、もっと違った形で選手に対して厳しさを見せていれば、あれほどまでの連敗地獄に陥らなかったんじゃないかという見方もできる。それだけに、来季以降の新井監督の変化に期待したいところだ。

郡司を活躍させることができた新庄監督

立浪監督と同じ時期に監督に就任したのが北海道日本ハムの新庄剛志監督。両者は指導力、采配面ともに大きな差が浮き彫りになってしまった。日本ハムも２０２２年、23年シーズンは中日と同様、２年連続最下位を喫した。一転して２０２４年シーズンはそれまでの２年間の成績を払拭するように、パ・リーグで2位と大躍進を遂げた。

新庄監督の采配で注目したいのが、「若くて実績のない選手を抜擢し続けたこと」である。チームの中心打者として君臨している万波中正（２０１８年ドラフト４位）を筆頭に、入団６年目の捕手の田宮裕涼（同年ドラフト６位）、上川畑大悟（２０２１年ドラフト９位）、水野達稀（同年ドラフト３位）と、枚挙に暇がないほど多くの若手選手が、グラウンドで躍動している。

こうしたなか、注目すべきは、おもにサードを守る郡司裕也である。彼は慶応義塾大を経て、２０１９年ドラフト４位で中日に入団。中日時代は捕手として期待されていたが、思うような成長の跡が見られず、２０２３年６月19日にトレードで日本ハムに移籍してきた。

6月30日に一軍に昇格すると、いきなりこの日のオリックス戦で「2番・DH」で起用され、7月2日にはプロ入り初となる猛打賞を記録。さらに2日後のソフトバンク戦では、和田毅からプロ入り初本塁打を放った。結局、この年は自身最多となる55試合に出場し、打率2割5分4厘、3本塁打、19打点という数字を残した。

「郡司は移籍したから活躍することができた」

「中日にいたら、今ごろまだ二軍暮らしが続いていたかもしれない」

そんな揶揄をされていたものだが、郡司を活躍させたことで、立浪監督と新庄監督の違いが如実に表れた。立浪監督は「捕手として郡司として通用するかどうか」を見ていたが、新庄監督は「郡司は捕手以外のポジションで活躍できるのか」という視点で判断していた。

実際、2024年シーズンは春季キャンプから郡司をサードで起用した。期待していた清宮幸太郎が自主トレ中の負傷でサードができなくなったことから、郡司自ら挑戦を熱望していたのがその理由だが、新庄監督は彼のアピールを否定することなく、「サードをやってみようか」と提案した。

その結果、春季キャンプ、さらにはオープン戦でも結果を出し、開幕5戦目のソフトバンク戦で第1号の本塁打を放つと、その後はレギュラーの座を射止めた。

彼がブレイクした一方でこんなことを考える。

もし郡司が中日にいたままだったらどうなっていただろうか。一つ言えるのは、立浪監督にサードで起用するという発想はなかった——。これは断言できる。

郡司がドラゴンズで起用されなかった理由とは

どうして郡司は中日ではサードで起用されなかったのか。それは、「立浪監督以下の首脳陣には三塁を守らせたい選手が別にいたから」にほかならない。

郡司が在籍していた当時の中日の三塁手は石川昂弥がいた。東邦高校のエースとして、２０１９年のセンバツで優勝投手となり、この年のドラフト１位指名で中日に入団した。それだけに、将来性豊かな金の卵にホットコーナーを守らせて、スター選手として育てようとしていた。立浪監督をはじめとした首脳陣は、「郡司に三塁を守らせる」という発想はなかったに違いない。

ところが新庄監督は違った。郡司の打力を生かすべく、捕手以外のポジションを模索した。それがサードであり、外野手としての起用につながったわけだ。

新庄監督は郡司をこう評している。

「彼は打撃の才能があるんでね。どの打順だって結果を出してくれる」

実際、今年の7月31日のオリックス戦では、2番で起用されてサヨナラ本塁打を放っている。この試合後、「いざというときにバントもできて、エンドランもできて、長打もある」と新庄監督は郡司に対して最高の誉め言葉を送った。それだけ郡司という選手を信頼している証でもある。

今年はオールスターにファン投票で選出され、9月4日には目標としていた規定打席にも到達、日本ハムのみならずパ・リーグを代表する選手へと駆け上がった。中日から日本ハムに移籍してきたとき、これほどまでの選手になるとは、中日の関係者は誰も想像していなかったに違いない。

阪神での現役時代にファンから屈辱を味わった新庄監督

そこでまた考えさせられることがある。

新庄監督と立浪監督は、3年目になって両者の「監督の差」が浮き彫りになったが、なぜ新庄は監督として成果を出すことができたのか。

私は大きく二つの理由があると見ている。

一つは広島の新井監督と同様に、「現役時代に味わった苦労の差」によるところが大きい。

たしかに新庄監督は立浪監督と同様、現役引退後はコーチとして一度もユニフォームを着た経験がない。彼が引退したのは２００６年であることを考えると、現場へのブランクは立浪監督よりも３年長い。15年もの間、日本ハムを除く11球団から指導者としてのオファーがなかったところに、突如として日本ハムからの監督就任要請。世間も驚いただろうが、球界の人間もあっと言わせるには十分すぎるほどのインパクトがあった。

一方で、新庄監督の現役時代に目を向けると、決してエリートだったわけではないことがわかる。１９８９年のドラフト５位で阪神に入団してから２年間は二軍でじっくり鍛えられ、３年目となる92年にメキメキと頭角を現してきた。そのルックスと奇想天外な考え方は、それまでの阪神にはないキャラクターとして多くの阪神ファンの心をつかみ、一躍スターダムにのし上がっていった。

けれども、そこから先は決して順風満帆だったとはいえない。１９９５年に当時の監督だった藤田平と衝突し、この年のオフには「野球のセンスがないって見切った」と言って、突然の引退宣言をしてしまう。

この発言はのちに撤回されたが、その後は打撃では思うように成績が上がらず、1997年のオールスターでは、阪神ファンのみならずセ・リーグの応援団から応援をボイコットされる。「新庄帰れ」コールまで起こった。それにとどまらず、

「新庄剛志　そんな成績で出場するな　恥を知れ」

と掲げた横断幕までスタンドに現れた。これほどまでに屈辱的な出来事はない。

新庄自身、当時の心境を引退会見のときにこう話している。

「あのときのショックな気持ちはいまだに忘れない。選手は一生懸命にプレーしているので、たとえ不調であっても応援してほしい」

野球を真面目にプレーし、思うような結果が出ていなかっただけである。それにもかかわらず、味方であったはずの阪神ファンからもこのような仕打ちを受けたのだから、プライドはズタズタになったに違いない。

だからであろう、選手に対して厳しいことを言っても、決して腐すような言い方はしない。新井監督と同様、自身が体験した嫌な思いを、選手には味わってほしくないと考えた末の発言をするあたり、彼の歩んできた過去の苦労の一端がうかがえる気がした。

阪神時代に野村さんの指導を仰いだことは大きな財産となった

もう一つ、新庄監督にとって大きかったのは、「阪神時代に野村さんの野球を経験できたこと」ではないか。この点は新井監督とも、立浪監督とも大きく異なるのだが、野村さんの野球を知ったことが、野球を深く考えるきっかけになったのだろう。

１９９０年代後半の阪神は、暗黒時代と呼ばれるほどの低迷期で、優勝はおろかＡクラスを狙うのも難しいチームに成り下がっていた。それまでにもヤクルトとの対戦や、スポーツ紙を通しての発言などで野村さんのことを少しは知っていたはずではある。だが、生身の野村さんと接することで、それまでにはなかった刺激をたくさん味わったに違いない。

新庄と野村さんが同じユニフォームを着ていたのは、１９９９年から２０００年の２年間だけ。本来なら出会うことのない２人が、「弱小と言われたヤクルトで成果を上げることができたのだから、阪神でもうまくいくだろう」という野村さんの功名心によってつながったわけだ。その縁は、今でも新庄にとって大きな財産となっているに違いない。

そうしたなか、野村さんは新庄に対しては褒めて、褒めて、褒め続けた。ヤクルト時代の古田敦也や池山隆寛に見せた厳しい面はまったくなかった。生前、野村さんに新庄のことを聞いたことがあった。野村さんはたった一言、「宇宙人」と評していた。

「オレが『もっと走りこんで下半身を大きくしろ』って言ったんだ。そうしたらなんて答えたと思う？『太ももが太くなって、今穿いているジーパンが穿けなくなるから嫌です』って言うんだよ。こんなことを言うプロ野球選手は初めて見たよ」

と呆れたように話していたことを思い出す。

ノムさんいわく、「新庄はおだてて木に登らせたほうがいい」タイプ

一方で新庄の性格を見抜いていた。「繊細でナイーブ」「厳しいことを言っても逆効果」ということに気づき、野村さんは新庄の育成法について、「おだてて木に登らせたほうがいい」と結論づけていた。

実際、野村さんは1999年の春季キャンプで、新庄をブルペンで投げさせた。当時のマスコミは「すわ、投手に転向させるのか⁉」と色めき立ったが、結局は公式戦で1試合も投げることはなかった。

投手をやらせたのは、新庄たっての要望だったというが、野村さんはこれを否定しなかったし、むしろ「投げてみろ」と奨励していた。投手をやらせることで、新庄の打撃に好影響が出ると考えていたからだ。

実際、ブルペンで投げ終わった後、新庄は野村さんにこう伝えていた。

「ストライクをとるのって、本当に難しいですね」

すると野村さんは待ってましたとばかりに、

「そうだ難しい。お前さんが打席に入っているときに、相手投手も同じことを考えているんだ」

こう新庄に相手投手の心理状態について説明した。彼はその考えを理解すると、野村さんとの2年目となった２０００年シーズンでは打撃成績は向上した。打率２割７分８厘、28本塁打、85打点と、選手生活を通じて最高の成績を残した。この数字は引退するまで超えられなかった。いわゆるキャリアハイだ。

人生において、「たら、れば」がタブーなことは承知だが、もし現役時代の新庄が野村さんと出会っていなかったら、野球の面白さや奥深さ、難しさを追求することなく、ひたすら自分のプレーを磨くことだけに専念していたに違いない。そうなると、今日のように監督としてユニフォームを着る日が訪れなかった可能性も否定できない。

新庄は2001年に海を渡り、ニューヨーク・メッツでプレーしたときの監督だったボビー・バレンタインや、その後04年に日本ハムに移籍したときのトレイ・ヒルマンら、外国人監督のもとでプレーしていた。彼らから刺激を与えられたことはあったかもしれないが、私は彼が阪神で過ごした最後の2年間に、野村さんと同じユニフォームを着て戦ったことで得たもののほうが大きかったのではないか——。少なくとも私はそう見ている。

立浪監督と新庄監督に見る、マスコミへのコメントの違い

ここまで新庄監督の歩みを見てきたが、立浪監督との違いについて、もう一つ触れる。マスコミに発するコメントだ。

コメントについては、瞬時に発する言葉なので、誰に教わったということではなく、本人の資質によるところが大きい。それを踏まえての話になってしまうが、第1章でお話ししたように「真面目な立浪監督」と「ユーモアあふれる新庄監督」との違いが浮き彫りになっている。

２０２２年5月4日の横浜スタジアムでのＤｅＮＡ戦で、立浪監督は試合中に京田陽太を二軍へ強制送還した。その理由は、「戦う顔をしていないので外した」というものだった。

こう言われてしまうと、「戦う顔ってどんな顔なんだ？」という疑問が湧いてくる。阿修羅のような顔をしていればいいのか、苦しげな表情を浮かべていればいいのか、答えはわからない。立浪監督は、激励の意味を込めてそう言ったのかもしれないが、ドラゴンズファンの間で侃々諤々の議論となった。

私は「立浪監督らしい意見だな」と思うと同時に、「一時が万事、こんな体育会的なコメントばかりでは、選手も苦しんでしまうんじゃないか」と危惧したものだ。もちろんプロ野球選手としてお金を稼いでいるのだから、多少なりとも厳しいことを言われるのは当然だとしても、真面目一辺倒では、聞いている選手も疲弊してしまうんじゃないかと思えたのだ。

ただし、この項の冒頭でもお話しした通り、瞬時に発するコメントというのは本人の性格によるところが大きいので、これを否定してしまうと立浪監督らしさというのが失われてしまうという面もある。真面目であることは決して悪いことではないが、それが「時として選手を苦しめることにもつながりかねない」と彼のコメントを聞きながら感じた。

清宮に発した「デブじゃね？」は大きな話題を呼んだ

対して、新庄監督はユニークな表現で選手をとらえていた。たとえば清宮幸太郎についてである。

清宮は、早稲田実業から高校通算111本塁打の実績を引っさげて、2017年のドラフトで7球団競合の末、日本ハムに入団した。だが、入団から4年間は思うような実績を残すことなく、2021年シーズンはとうとう一軍出場がゼロという結果に終わった。

この年の秋、新庄監督が日本ハムの監督に就任。秋季キャンプで新庄監督が清宮に発したのは、

「ちょっとデブじゃね？　やせない？　やせたほうがモテるよ。かっこいいよ」

という発言だった。清宮が、「やせてしまったら、打球が飛ばなくなるのが怖いです」と返すと、新庄監督はすぐさまこう答えた。

「変えないと。今もそんなに打球が飛んでないよ。昔のほうがスリムじゃなかった？　それはキレがあったから。今はちょっとキレてない気がするから、やせてみよう」

このやりとりには思わず笑ってしまったが、一方で「新庄監督は理にかなったことを言っているな」と感じた。

今のプロ野球選手はとかく体を大きくすることに必死だ。これは打者に限った話ではなく、投手もしかりである。その理由を聞くと、「スピードが出ないから」「打球が飛ばないから」で、すべてはメジャーリーグに起因しているという。私としては、「おいおい、ちょっと待ってくれ」と言いたいところだが、新庄監督が清宮にぐうの音も出ない理由をズバリ指摘してくれた。

そもそも清宮に体型のことで意見する人は、それまで誰もいなかった。それだけに清宮も驚いただろうが、こういうコメントが大々的に報道されると、「はたして清宮はやせるのだろうか？」と、野球解説者だけでなく、一般の野球ファンも彼の動向に注目する。そうして数か月後の春季キャンプで清宮がやせた姿で登場すれば、「本当にやせたんだ！」とみんなが感心する。

一見、新庄監督の言っていることは厳しく聞こえるかもしれないが、核心を突いているうえにみんながこぞって「どうなるんだろう？」と興味を引くようなコメントを残している。この点は立浪監督よりも新庄監督のほうが上手だったように思える。こうしたユーモアに富んだコメントの有無も、結果的に日本ハムと中日の差となって表れたように感じた。

現役時代に屈辱を味わうことも、指導者として必要な素養

こうした一連の事柄を踏まえて立浪監督を見ていくと、彼の現役時代は新井監督や新庄監督よりもはるかに幸せな時間を過ごしたと言い切れる。彼ら2人のように、味方であるはずのファンからヤジられたり、応援をボイコットされたりするなんてことは一度もなかった。立浪の名前がコールされると、ドラゴンズファンのいるスタンドから大歓声が沸き、ため息や否定めいた声などは一切上がらなかった。

それでも挫折らしい挫折がなかったわけではない。当時の長嶋茂雄監督に「国民的行事」と言わしめた1994年10月8日の巨人との最終戦で、一塁にヘッドスライディングした際に左肩を脱臼して退場。このときの後遺症で、左肩に痛みが残り、ショートを守ることができなくなったのだ。

だが、コンバート後のセカンドやサード、加えて外野でも高いレベルで結果を出し、ショート以外のポジションも十分こなせることを証明した。つまり、選手としてはどんなポ

ジションでも高いレベルで守ることができる、天賦の才があったと言えるわけだ。口では言うのは簡単だが、実際にやるとなるとなかなかできることではない。

だからこそ、今の若手選手を見て、思い描いているようなプレーができないでいると、「どうしてできないんだ？」という疑問がわいてきたっておかしくない。これは現役時代に天才肌と言われた指導者が陥りやすい点である。

一方で現在の日本ハムの若い選手たちの表情を見ていると、みな生き生きとプレーしている。大事な局面でエラーや凡打などで失敗しても、「このままじゃいけない」という危機感を持ち合わせ、居残り練習をしてでも、どうにか実力差を埋めようと必死になっている。そうした積み重ねの結果が、今の順位になって表れているのだ。

これに対して、ドラゴンズはといえば、まだつぼみの段階であるとも見えるが、日本ハムの選手たちのように、生き生きというよりも、必死さが前面に出ている。もちろんそれはそれでいいのだが、負けが込んできてからは、必死さを通り越して悲壮感さえ見えてくる。

これでは見ているファンは、ワクワクするというよりも、「大丈夫なんだろうか？」と心配のほうが上回ってしまう。これが3年目の立浪監督率いるドラゴンズを見たときの、私の率直な印象である。

　何度も申し上げるが、立浪監督の現役時代の実績は申し分ない。だが、新井監督や新庄監督のような屈辱を味わっていない。それがいきなり監督になった途端に、罵声やヤジの標的となった。立浪監督にしてみれば、監督になってからの3年間の数えきれない辛辣な声は、彼自身の想像をはるかに超えるものだったに違いない。

　後述するが、彼が現役の間に、「指揮官とはこうあるべき」という監督に巡り合うことができなかったことは不運だった。立浪監督が現役の間は、星野仙一さんや高木守道さん、山田久志、落合博満ら4人の監督の下でプレーしたが、阪神時代の新庄における野村さんのように、尊敬の念を抱いてプレーした監督はいなかったはずだ。

　こうした点も不運だったと言えばそれまでだが、結果的に現役時代に屈辱的な体験をしなかったことで、新井監督、新庄監督らとの間に大きな差が生じてしまったのは、ただただ残念というほかはないのである。

第3章　立浪監督が学ぶべきだった野球人とは

広岡さんと野村さんの共通点とは

立浪監督は、誰から監督としてのイロハを学ぶべきだったのか。私は広岡達朗さんと野村克也さんの2人ではなかったかと考えている。

2人に共通しているのは、「野球に対してあくなき探求心」があったことだ。

広岡さんは巨人で現役時代を過ごし、引退後は広島、ヤクルトでコーチを務め、1976年にヤクルトの監督に就任すると、78年にはセ・リーグ優勝、日本シリーズでは阪急を破って日本一となった。1982年からは西武の監督に就任し、4年間でパ・リーグ優勝3回、日本一2回という素晴らしい成績を残した。

私が広岡さんの探求心を目の当たりにしたのは、阪神に在籍していた1981年の春季キャンプのことである。このとき阪神は、アメリカのアリゾナで海外キャンプを張っていた。キャンプ地の近くには、オークランド・アスレチックスがやはりキャンプを行っていた。それまでアスレチックスは弱小球団と言われていたが、ニューヨーク・ヤンキースの名二塁手として一時代を築いたビリー・マーチンが監督に就任するなり、いきなりアメリカン・リーグ西地区の2位に順位を押し上げた。当時から私はメジャーリーグに関心があったので、アスレチックスがいったいどんなキャンプを行っているのか、休日を利用して見にいくことにした。

するると阪神の選手は若手一人と私だけ。外出するころには、宿舎にはほぼ誰もいなかったことから、休みを利用してゴルフでもしていたのだろう。私は練習の始めから終わりまでじっくり見ようと思い、バックネット裏に向かうと、そこには広岡さんと森昌彦（現・祇晶）さんの２人が腰を下ろして見ていた。

私が２人にあいさつすると、森さんから、「なんでほかの人は来ないの？」と不思議そうに聞かれたので、

「ゴルフ日和ですから」

と答えた。

この一連のやりとりについては、森さんの著書（『勝つための参謀学』講談社文庫）に書かれているのだが、森さんはこのとき、「せっかく素晴らしい教材があるのだから、どうして阪神の首脳陣は選手を連れて行かなかったのか、理解できない」と述べている。

そしてしばらくアスレチックスの練習を見ていると、広岡さんが私に、

「江本、アスレチックスが昨年なぜ強くなったかわかるか？」

と質問してきた。私がしばし考えていると、間髪入れずにこう言った。

「練習に無駄な時間がない。ケガをしないための体力強化に加え、常に実戦を意識した練習をしている。春季キャンプは調整ではなく、勝つための準備を行うことだと、アスレチックスから学んだよ」

広岡さんがビリー・マーチンから教えてもらったこと

実際、キャンプインして間もないというのに、投手陣は速球に変化球を交えて投げている。打者は打つと、そのまま一塁に残って走者となり、次の打者のヒットエンドランやバントなどで二塁へ猛然とスライディングを仕掛けて滑り込む。しかも投手は打撃投手ではなく、主力投手が投げ込んでいる。これが打撃練習だというのだ。

さらに一塁と三塁のコーチャーズボックスには、コーチも立っている。野手も守備位置について、生きた打球を捕っている。その合間にコーチは野手にノックをしているのだから、息つく暇もない。

広岡さんは、通訳を介してマーチン監督と話す機会があったそうだが、そのときこんな説明を聞いていた。

「キャンプイン早々、実戦同様の投球ができるように、投手を用意させておくのは当たり前のことだよ。キャンプは実戦で勝てるように訓練する場なんだからね。私たちは長丁場のペナントレースを勝つためのキャンプを張り、練習しているんだ」

さらに監督という立場で選手を操縦するために必要な発想も教えてくれた。

「強くなるまではどんなに厳しい練習でも選手は私に従う。私の指示に従うことが、プラスであることを知っているからだ。それを知らせるまではたいへんな作業で、根気が必要だ。けれどもサラリーが増え、生活が豊かになると、厳しさに反発する選手や、指示に従わない選手も出てくる。彼らをどうリードするか、いくつか方法はあるが、まずは基盤を固めておくことが肝心なんだ。基盤固めというのはごく簡単で、監督が長期契約を結んでおけばいい。監督が5年も6年もチームを指揮することを知っておけば、たいていの選手は勝ち目がないと思う。『なまけていたら、自分のほうがクビになる』と真剣になるものだよ」

広岡さんはマーチンの話を聞き、今度ユニフォームを着るときは必ず長期契約を結ぼうと心に誓っていたという。

そういえば立浪監督も「本当は監督としての契約期間は5年欲しかった」と言ったという話を耳にしたことがある。彼もマーチンと同じ考えだったのかもしれないが、契約の3年で終わったことに対して、不完全燃焼であったことは容易に想像がつく。

今でも印象に残っている、野村さんの言葉

一方の野村さんである。この人については、もう多くを語らなくてもわかる人は多いだろう。

私は野村さんが選手兼任監督を務めていた時代にバッテリーを組んでいたが、野球においての探求心は、この人を置いて右に出る者はいなかった。

南海に移籍して初めて公式戦で投げる日に、野村さんは私にこう言った。

「サインはオレが全部出す。ただし、嫌なら首を振れ。オレの言う通りに投げて打たれたらオレの責任や」

野村さんはプレーにおけるミスは明快に「自分のミス」だと言った。自分のやったことはすべて正しいと強引に押し通すタイプのように見られがちだが、実際は違った。こうし

た謙虚さがあったから、選手兼任監督としてもうまくやれたのだと思う。

実際、野村さんの指示通りに投げて打たれることもあった。すると、ベンチに戻ってくるなり、「すまん、すまん」と投手に謝る。そんな光景はしょっちゅう見られた。

野村さんはこんなことも言っていた。

「オレが１球目に真っすぐのサインを出したら、なんでそのサインを出したのか考えてくれ。ただうなずいて投げるだけじゃダメだ」

野村さんが要求する球種にはそれなりの根拠がある。ただの思いつきや漠然とした考えだけでサインを出しているわけではない。

この打者は前の打席で何を打ったのか。

どんなボールを待っている傾向が高いのか。

アウトカウントはどうか。

塁上に走者はいるのか否か。

どちらのチームが何点をリードしているのか。

ありとあらゆる状況を考えて、野村さんは今、目の前の１球を要求していたのだ。私は今でも野村さんの「打たれたらオレの責任」という言葉が強く印象に残っている。

投手があえて捕手をやることの意味

野村さんがやっていた練習でもっとも印象に残っているのは、「実績を積んだ投手が捕手をして、若い投手の球を受ける」というものだった。これはほかでは見たことがない。いざホームベースを前に座ってボールを受けると、マウンドから見るストライクとの違いがわかる。私が実際マウンドに上がって、球審から「ボール」と宣告されたとき、「えっ！　今のはストライクやろ」と思ったことは何度もあったのだが、捕手の位置から見るとたしかに「ボール」なのだ。

それに「生きたボール」を捕ることの面白さや難しさにも気がついた。この練習は春季キャンプのときによくやったのだが、捕手のたいへんさに気づかせてくれたという点においては、今でも野村さんに感謝している。

さらに野村さんにこんな質問をしたことがあった。

「理想的なキャッチャーって、どういうものですか？」

返ってきた答えは、「キャッチャーボックスに座って、構えないキャッチャーだよ」だった。

たとえば野村さんがサインを出して、外角低めのストレートを要求したとする。けれどもミットは構えない。じっと動かない。あとは投手が投げてきたボールをただ「バンッ！」と捕るだけ、というのだ。

たしかに捕手がミットを構えると、どこに投げようとしているのかが相手にわかってしまう。「相手にどこのコースにボールを要求したのかわからないようにするにはどうすればいいのかについて、突き詰めていくと、「構えないことがいちばんである」という結論に達する。

「江本、お前さんはキャッチャーが構えなくても要求したコースに投げられるか？」

野村さんにこう聞かれた私は、即座に「無理ですね」と答えた。キャッチャーミットで構えたところに目標がなければ、そこを目がけて投げられない。捕手についての野村さんの造詣は深い。それだけに、今でも私のバイブルになっている。

立浪監督と星野さんの違いは、こんなところにある

広岡さんと野村さんは立浪とは接点がない。同じチームにいたこともなければ、それ以

外の場面で何か共通のつながりがあったということもない。

だが、本気で「教えを乞いたい」と思えば、そうしたことは可能だったはずだ。たとえば野村さんであれば、高校の後輩である宮本慎也に相談したら何かしらのお膳立てをしてくれた可能性が高い。なんだったら私に相談してくれたら、間をとりもつくらいのことはたやすくできた。

また、広岡さんであれば、立浪より年上の球界のOB連中に「どうにかして会ってお話ししてみたいのですが……」と相談したっていい。広島、ヤクルト、西武と3球団で指導していたこともあり、広岡さんから教わった野球人は数多くいる。そうしたかたちで学び取ることで、それまで思いもつかなかった野球に対する知見を広げられたこともあり得たはずだ。

その意味でいえば、星野仙一さんがとった行動は好例だ。現役を引退してから、巨人のみならず、球界の大先輩ともいえる川上哲治さんとよく行動を共にしていた時期があった。巨人の川上さんと中日の星野さんは、一見するとまったく接点がないように見える。

だが、星野さんは現役時代に人を介して川上さんに投球フォームのアドバイスをもらっていたというし、現役引退後は星野さんが解説を務めたNHKで、川上さんからたくさん勉強したと話している。当時のNHKには巨人で監督を務めた藤田元司さんや南海の主力打者として長く貢献された広瀬叔功さんなど、大物解説者が揃っていたこともあってか、星野さんはさまざまな経験談を聞いたそうだ。それが、のちの監督人生にとって大いに役に立ったと述べている。

生前の野村さんから聞いた話だが、NHKのある番組で星野さんと共演することになった際、番組のスタッフら数人と野村さん、星野さんとで番組の企画趣旨と進行について事前の打ち合わせを行っていたときのこと。

話がぼちぼち終わりに近づいてきたとき、突然星野さんがスッと席を立って、ドアを開けて出て行ってしまったという。野村さんは「いったいどうしたんだ?」と視線を星野さんが向かった先に目を向けると、

「こんにちは！　お久しぶりです！」

と星野さんが威勢よくあいさつする声が聞こえた。誰にあいさつしているのかしばらく見続けていると、なんとそこに川上さんの姿があったという。

「オレはあのとき、どうして川上さんがここを通るのかを知っていたのか、よくわからなかったんだけれども、川上さんに対する忠誠心は想像以上のものがあった」

と野村さんが当時を回想していたこともあったのだ。

川上さんと仲良くなった星野さん

星野さんと川上さんは、本来は仲良くなれる間柄ではない。なぜなら、星野さんが明治大学4年のとき、巨人入りを熱望していたものの、巨人が選んだのは武相高校の島野修だった。

「星野と島野を間違えたんじゃないのか」。ドラフト会議終了後、星野さんが報道陣を前にこう言っていたのは有名なエピソードだが、ドラゴンズに入団した当初は、「巨人を見返してやる」という気持ちが強かった。

だが、川上さんはV9を達成し、巨人の監督を退任した後も、野球界に威光を放っていた。どうすれば監督として成功を収められるのかを考えたときに、かつては敵視していたはずの存在に、「教えを乞うことが最善の道である」と選択することだって十分にあり得る。

それに星野さんはユニフォームを脱ぐと、周囲の人たちに礼儀正しく振舞う。「ユニフォームを着ているときと人間が全然違う」とよく言われていたが、年上の人からも「センちゃん」と言われてかわいがられた。川上さんとて例外ではなかった。ゴルフ好きの２人は、頻繁にラウンドを共にしたとも聞いていた。

ゴルフは人間の性格がはっきりとわかるスポーツだ。他人への配慮やマナーはもちろんのこと、積極性や優柔不断、せっかちといった面も顕著に出る。その人の性格的な長所もさることながら、普段は気づかない裏の顔を目の当たりにすることさえある。そうした人間だと気づいたら、「もう二度と会うのはよそう」と考えても不思議ではない。

けれども星野さんと川上さんは、何度も一緒にゴルフに行っていたというのだから、お互いの人間性に共感し、信頼していた証拠でもある。

精神修行は星野さんにとってつらいものでしかなかった

そうしたなかで、星野さんが川上さんに対して「合わない」と思うものがあった。川上さんが行っていたとされる精神修行である。

星野さんがいよいよ中日の監督になることが決まった年の秋のこと。川上さんが、巨人の監督時代に毎年籠って修行をしたという岐阜県の有名な禅寺に連れていかれた。

川上さんが星野さんをあえて禅寺に連れていった真意はこうだった。

「人が成長し、飛躍を遂げるには、まずは精神の安定が必要になってくる。禅は教養や理論を学ぶのではなく、自らが体験するものだ。参禅というかたちで自分と静かに向き合って、生きがいや生きる道を問いただす習慣を身につけていく。そうすれば、この先どんなに困難な状況に陥っても、道を誤るようなことはない」

そのために午前4時に起床し、読経、坐禅、堂内や庭の掃除、老師との問答、読書、さらにまた坐禅……という日課になっていたのだが、肝心の星野さんは寒空の下での坐禅がよほど堪えたらしく、1週間滞在する予定だったのを、3日で切り上げてしまったというのだ。

なんとも星野さんらしいと言えばそれまでだが、川上さんが勧めたとされる精神修行については、「自分には合わない」と感じていたからこそ、自らの判断で滞在期間を短くしてしまうことにも遠慮がなかったのだと思われる。

どこかのタイミングで野村さん、広岡さんと野球談議をしてほしかった

一方で立浪監督の解説者時代はどうだったのか。星野さんでいうところの川上さんのように、球界の年長者に教えを乞うたという話は聞いたことがない。それゆえに監督になったときの心構えについて学ぶ機会はなかったはずだ。

どうも立浪監督を見ていると、自分が歩んできた野球が正しいと考えているフシがある気がして仕方がない。彼は高校時代にＰＬ学園で春夏連覇を達成したときのキャプテンであり、チームの大黒柱的な存在だった。

それゆえ野球の技術においては天才的な能力があったことを否定はしない。だが、選手を指導したり、あるいは采配を振るったりする際に必要な理論や哲学には、いささか詰めの甘さがあるように感じていた。

広岡さんと野村さんに共通しているのは現役時代は「監督から煙たがられていた」ことである。広岡さんであれば川上さん、野村さんであれば「親分」と言われた鶴岡一人さんに対して、心のどこかで否定的な考えをしているように思えた。これは、長いこと監督と選手という関係でプレーしていくなかで、些細なことからすれ違いが生じた末の結果とも

いえる。

そうして辛酸を舐めつつも、野球に関する知識は球界でも指折りの理論派と言われるほどの博識を身につけている。それに広岡さん、野村さんともにセ・パ両リーグでの監督の経験がある。セ・リーグ、ひいてはドラゴンズしか知らない立浪が、この2人と接点をもつことで、セとパの野球の違いについて知ることができたとすれば、彼自身にとっても大きな財産となったに違いない。

知識や経験が自分よりも深い先輩に学ぶことで、立浪の野球観が広がるきっかけになっていれば、野球人として一回り大きくなっていたのではないだろうか。それまで立浪が常識と思っていたものに対して、実は違っていたと気づくようなことがあれば、今回のように3年続けて低迷して退任する結果にはならずに済んでいたかもしれない。

繰り返しになるが、立浪監督が引退後のどこかのタイミングで広岡さんや野村さんと野球談議ができなかったことについては、本当に悔やまれる限りである。

第4章

立浪監督がドラゴンズで学ぶべきだった3人の監督

高木さんと山田は自分を試合で使ってくれた「いい監督」

2024年シーズン限りで退任した立浪監督にとってもったいなかったことは、現役時代を通して、「野球理論に長けた監督のもとで勉強する機会を見つけられなかった」ことである。

1988年から2009年までの現役時代に、中日の監督を務めていたのは、星野仙一さん（1987～91年、1996～2001年）、高木守道さん（1992～95年途中）、山田久志（2002～03年）、落合博満（2004～11年）の4人である。

彼らから学んだこと、影響を受けていることが采配に随所に出ていたかと聞かれれば、「出ていない」というのが私の結論である。それにはこれから挙げる、れっきとした理由があるからだ。

最初にお話ししておくと、高木さんと山田からは、指導者として教わったものは「ない」と見ている。誤解されてしまう人がいるかもしれないので、その理由をお話しすると、高木さんはドラゴンズ生え抜きの野手として初の2000本安打を記録し、セカンドの守備も天才的にうまかった。

その意味では立浪監督の現役時代と通じるものがあるが、監督としての采配面でいえば、チームの主力選手が揃えば勝ち、故障で離脱すれば順位は低迷していた。高木さんが監督を務めていた１９９３年に創設されたのが、ＦＡ制度である。しかし、ＦＡで選手を獲得することもなければ、星野さんのような主力選手を放出してまでの大型トレードを画策するようなことはしなかった。

つまり、「チームの状態が良ければいいが、悪くなったときには悪いまま終わる」という監督時代だった。それが１９９２年６位、93年と94年は２位、95年５位という結果に終わる要因ともなった。

また山田については、２００２年は3位で終えるも、翌年は残り20試合を残しての退陣となった。このときの成績は59勝61敗で5位と、順位こそ低迷していたものの、数字上はとても悪いといえない。とはいえ、選手との軋轢が大きく、フロント側の印象が悪すぎた。それだけに、当時現役選手だった立浪は、「大人扱いして自由にやらせてくれた」と言っているが、監督として何か学ぶものまでは見出せなかったと、私は見ていた。

選手というのは勝手なもので、自分を使ってくれた監督は「いい監督」、使ってくれなかった監督に対しては「悪い監督」という印象が強く残る。高木さんのときも山田のときも、立浪はまだ主力選手として活躍していたこともあり、2人に対して大きなわだかまりやしこりのようなものがなかったことは間違いないだろう。

星野さんの「鉄拳制裁の真実」を見た瞬間

そこで立浪が学ぶべき監督の1人目は星野さんである。今さら言うまでもないが、彼は理論派というよりも武闘派、血の気が多く「ケンカ野球」を信条としていた。これは星野さんの大学時代の恩師である、島岡吉郎さんの影響を受けていると見ていい。実際、星野さんは監督になって選手を叱るとき、褒めるとき、接するとき、すべての状況において、島岡さんの影響を受けていたと、自身が話していたほどだ。

血気盛んだった1987年から91年までの星野さんを象徴するエピソードといえば、「乱闘」「鉄拳制裁」だった。

監督1年目の1987年6月11日の巨人戦。ドラゴンズの宮下昌己からデッドボールを食らったウォーレン・クロマティがマウンド付近まで走っていくなり宮下を殴り、両軍入り乱れての大乱闘となった。星野さんは静止するドラゴンズの選手を振りほどいて、巨人

の監督だった王貞治さんの左肩を小突くと次の瞬間、

「やるんならやろうじゃないか！」

と星野さんは王さんの目の前に拳を突き出したのだ。さすがの王さんも星野さんをなだめてどうにかその場を収めたが、その後も「乱闘シーンといえば星野監督」と一般の野球ファンにも認識されるくらい、星野さんの存在感は増していった。

けれどもこれはあくまでも表に出ている話。本当の話は裏に潜んでいる。それが星野さんにまつわる「鉄拳制裁」のエピソードだ。

実は星野さんがドラゴンズの監督に就任してから数年の間は、鉄拳制裁の話は噂の域を出なかった。私を含めた野球解説者たちは、ベンチ裏のミーティングルームやロッカールームまでは潜入することはできないので、「監督はどう？」と選手に水を向けても、「何のことでしょう？」ととぼけて、「いやいや、厳しいですよね」とかわされるのが通例だった。

だが、ついに星野さんの鉄拳制裁にまつわる証言者が出てきた。その人物は当時、ヤクルトの正捕手だった古田敦也である。

あれは１９９０年代のことだった。神宮球場の中日戦で、古田が打席に入ると、捕手の中村武志がベンチに呼ばれた。しばらくして中村が出てきて、キャッチャーボックスに座ると、古田は自分の目を疑った。中村の鼻から2本の赤いものがツーッと流れてきたのである。古田のこの証言は貴重だった。

後日、私は星野さんに直接聞いてみると、

「そりゃ殴りやすいヤツって必ずおるからな」

と一笑に付すだけだったが、中村が殴られることで、「お前らも気をつけろよ」と無言のメッセージになっていたことは間違いない。

星野さんが主軸選手に求めていたもの

星野さんにまつわるエピソードはほかにもある。

ドラゴンズの監督に就任することになった1986年秋、当時の加藤巳一郎オーナーから星野さんに監督要請の話があった際、星野さんは「わかりました」だけでは終わらせなかった。

「優勝してみせましょう。ただし条件があります」

引退して外からドラゴンズというチームを見ていたときの現状と課題、その解決法を具体的に示したというのだが、そこで出てきたテーマは「補強」についてだった。

当時のドラゴンズの主力選手を見ていくと、長年、チームの中心選手として貢献してきた谷沢健一は、まもなく40歳を迎えようとしていた。現役最後となった１９８６年シーズンは94試合に出場し、打率２割７分３厘、本塁打13本、35打点と、それまでの年から比べると寂しい数字に終わっていた。それだけに、翌シーズンはこれまで以上の数字を望むのは酷な状況となっていた。

谷沢は引退会見で、

「星野監督に、『監督・谷沢は、選手・谷沢を使えるか？』という発言が、（引退の）決め手となった」

と語っていたが、「新生ドラゴンズに、シーズンを通じて活躍できないような老兵の居場所はない」と明快に通告したような印象が強い。

実際、こののち星野さんはロッテから１対４のトレードで落合博満を獲得するのだが、星野さんはドラゴンズ、さらにはのちに監督を務めた阪神、楽天でも「脂の乗り切った、経験豊富なベテラン」に、チームの中心を担うべく期待していた。ドラゴンズ時代の落合がそうだったし、阪神に移ってからも金本知憲がまさにそうだった。

そして星野さんが彼らに期待していたのは、「ちょっとやそっとくらいのケガでは簡単に休まないこと」、つまり心身ともに強靭な選手であることを求めた。この点についても、2人は星野さんの期待に応えていたことは間違いない。

星野さんなら中田と中島を獲得していない

そう考えると、「2024年シーズンから加わった中田翔と中島宏之は、獲るべき選手だったのか」という疑問が湧いてくるファンもいるだろう。中田の故障グセ体質は、巨人時代から随所に顔を出していたし、フルシーズン戦えないことは立証されていた。

第1章でお話ししたように、中田は細川に「4番のあるべき姿」を見せることで、その役割を十分果たしたと思っているが、「それよりもっと試合に出てくれ」と願うファンが多くいてもおかしな話ではない。実際、オールスター明けからドラゴンズの負けが込んできたとき、そうした声が増大していったのは、当然といえば当然の話である。

さらに中島である。彼は巨人を自由契約になった後、中日が獲得したが、仕事らしい仕事をしたのは、4月13日の阪神戦に代打で登場して、右手に押し出し死球を受けたときだけ。代打で15試合に出場したものの、年間トータルで1安打も打てずにシーズンが終わってしまった。

ドラゴンズサイドとしては、中島の過去の実績と、彼の周辺から「まだまだできる」という情報を得て獲得に至ったのだろうが、過去の実績はあくまでも過去のものだし、中島サイドにしてみれば、いい情報しか流さない。それだけが理由だとは思いたくないが、今年42歳になる彼にオファーを出したことに対して、中田以上に「なぜ?」という疑問を抱いたファンは多かったに違いない。

だからこそ、もっと徹底的に「なぜ巨人が中島を構想外にしたのか」を調査すべきだった。その際、「ストレートに差し込まれることが多くなった」「変化球の見極めが以前よりも劣ってきた」などという評価が聞かれれば、その声は冷静かつ正当な判断であるため、中島の獲得を見送っていた可能性がある。

もし星野さんであれば、獲得には至ってないだろう。「ケガ持ち、衰えの見えるヤツに何千万、何億円と払って、金をドブに捨てるようなマネをしたらアカン」というのがその理由だが、星野さんならそう考えるのが自然のような気がしてならない。

星野さんがドラゴンズで優勝できた理由

立浪監督がドラゴンズに入団したのは、星野さんの監督1年目が終わった1987年秋。たしかに星野さんのことを「尊敬している」という話はしていたし、「あの厳しさがあったからこそ、プロで生きていくための土台ができた」ということも話していたが、一方、「星野さんのやり方に固執してしまうと、今の時代には合わない」

とも感じていたはずだ。

星野さんの采配は至ってオーソドックス。大金をはたいて大物選手を獲得し、彼らが存分に力を発揮して活躍した年だけ優勝するというのが、星野さんの戦い方だった。それゆえに、戦略や知恵を絞って勝っていくというスタイルではなかった。

たとえば1988年にセ・リーグ優勝した際には、前年の87年に落合博満、88年には西武から来た小野和幸が活躍。1999年に11年ぶりのリーグ優勝を果たしたときには、96年に韓国から宣銅烈、97年は李鍾範、99年はサムソン・リー、FAで当時のダイエー(現ソフトバンク)から武田一浩と、韓国勢とFAで実力選手を獲ったことが大きかった。

それに加えてトレードも積極的に行った。前出の落合や小野がそうだったし、1988

年には中尾孝義と巨人の西本聖&加茂川重治との1対2のトレードや、1997年には本塁打王、打点王の2冠を獲ったことのある大豊泰昭と矢野耀大（当時は輝弘）と、阪神の久慈照嘉と関川浩一との2対2のトレードを成立させるなど、あの手この手で戦力を拡充させることに努めた。

それだけに立浪自身も、星野さんの手法を見るにつけ、「いい選手を獲得して機能させることができれば、チームを上昇気流に乗せることができる」ということは学んだだろうが、星野さんが指揮を執っていた当時のドラゴンズと今のドラゴンズでは、チーム状況がまったく違う。

親会社もかつてのように大枚をはたいて選手を獲得するようなことはできないし、いざ獲得したものの、失敗したときのリスクを考えたら、おいそれと誰でも彼でも獲るわけにはいかない。この点も立浪監督にとって不運だった。

監督の右腕となるヘッドコーチは、友達じゃないほうがいい

立浪監督が星野さんから学んでほしかった点が一つある。それは、「島野育夫さんをへ

ッドコーチに呼んだこと」だ。

島野さんは作新学院、社会人の明電舎を経て1963年に中日へ入団。その後1968年に南海に移籍していたのだが、私は1971年に南海に移籍して以降、仲良くさせていただいた。1975年オフの江夏豊とのトレードでは共に阪神に移った。私より4学年上ながら、「シマちゃん」「エモ」と気さくに呼び合える間柄だった。

島野さんは引退後の4年間は阪神で指導者として過ごし、山内さんが監督だった1986年に中日の一軍外野守備・走塁コーチに就任したが、島野さんがドラゴンズ時代に一緒にプレーをしていた千原陽三郎さんから、

「星野は将来監督になる人材だ。そのときはお前さんが助けてやれ」

と言われていたそうで、翌年から星野さんが監督に就任すると、同じ役職に加え、1990年からは作戦コーチを兼務した。

島野さんがとくに優れていたのは記憶力と洞察力。相手チームの選手のクセや欠点を見抜き、そこから分析して作戦を立てる能力が抜群だった。グラウンドを離れれば、競馬が趣味だと言っていたが、あまりにも的中させるあまり、プロの予想屋が島野さんに弟子入りしたがっていたのを丁重に断ったという話を、島野さん本人から聞いたこともあった。

それだけに、星野さんも、作戦面において島野さんには全幅の信頼を置いていた。

ただし、島野さんと星野さんがプライベートで仲が良かったという話は、一度も聞いたことがない。星野さんとは学年でいえば3つ上で、星野さんと同級生である山本浩二さんや田淵幸一さんらのような和気あいあいとした関係ではなかった。グラウンドで共に戦い苦労を分かち合う、いわば「戦友」のような関係だった。

星野さんの第二次政権時の１９９６年には、島野さんはヘッドコーチに昇格した。試合中のサインにとどまらず、

「オレは投手のことしか知らん。野手のことはシマちゃんに任せる」

とまで言われていたというのだから、いかに星野さんから信頼されていたかがわかる。

島野さんに全幅の信頼を寄せていた星野さん

これは島野さんから聞いた話である。あるシーズンで連敗が続いたとき、首脳陣と選手全員が揃ったミーティングの場で、星野さんが選手全員に檄を飛ばそうと考えていたところ、真っ先に島野さんが「こんなんじゃダメだ！」と選手全員を前に叱咤したことがあっ

た。話の一部始終を黙って聞いていた星野さんがボソッと、

「まいったな。シマちゃんに全部言われちゃったから、オレの言うことがなくなっちゃったよ」

と苦笑いしながら島野さんに話したそうだ。

また野手がエラーをして、星野さんがその選手がベンチに戻って叱ろうとすると、島野さんが両者の間にスッと入り込んで、

「試合が終わったら居残り練習をさせますから。私にお任せください」

と言って、事なきを得たこともあったそうだ。

2人の考えが一致していたのは、「チームを勝たせるために、お互い遠慮なく意見を言えること」。それだけに星野さんと島野さんは、監督と参謀という立場で、信頼関係を築き上げていった。星野さんが島野さんに対して、ときには無理難題を言うこともある一方で、島野さんも星野さんに対してどんなに言いづらいことでも、遠慮なく苦言や提言を呈することもあった。

星野さんが島野さんに対して、絶大な信頼を寄せていたことは、星野さんがドラゴンズの監督を退任し、阪神の監督に就任することが決まった直後のエピソードでもわかる。2

００１年12月、当時中日の二軍監督への就任が決まっていた島野さんを「阪神のヘッドコーチに」と引き抜きにかかった。ドラゴンズにしてみれば、すでに決まっている人事だっただけに、星野さんの行動は道義上からも許されることではない。

だが、星野さんはそれを承知でドラゴンズの上層部と話をつけて、島野さんの阪神移籍を取り付けた。それほどまでに、星野さんは島野さんにほれ込んでいたことがわかる。

星野さんはスタメンのオーダーや作戦、戦術、練習プラン、コンディション管理、試合における選手の査定、コーチ会議、ミーティングのすべてを島野さんに任せた。島野さんもその心意気に応えようと懸命に取り組んだ。

阪神の18年ぶりのリーグ優勝が見えた２００３年シーズン、私は東京ドームで島野さんとお会いした。「チームは絶好調やね」と私が声をかけると、島野さんは開口一番、

「エモ、そうはいってもしんどい、しんどいわ」

と精神的に疲れている様子がうかがえた。

阪神を優勝に導いた4年後の２００７年12月、島野さんは病で帰らぬ人となった。同じ年の7月に、私はタイのナショナルチームの総監督として、阪神の二軍と練習試合を行ったのだが、このとき二軍監督だった島野さんは病気で現場を離れていた。だが、私がタイ

の総監督ということで、わざわざ病院を抜け出してグラウンドに足を運んでくれた。

ひとしきり話をした後、「ほなまた近いうちに」と言ってそのまま別れたのだが、島野さんと交わした会話はそれが最後となってしまった。

少し時間がたってから考えた。星野さんとは一心同体であったことは間違いなかったが、戦友と一緒に過ごした時間は、相当な心労も重なったのだろう。それでも星野さんについていったことに、島野さん自身はまったく後悔していなかったはずだし、むしろ星野さんを2球団で3度、胴上げできたことに喜びと誇りを感じていたに違いない。それだけに、星野さんにとって島野さんは、かけがえのない相棒だったと言える。

翌年、星野さんは北京五輪の代表監督として、田淵さんをヘッド兼打撃コーチ、山本さんを守備走塁コーチに選んだ。その結果、金メダルはおろか、銅メダルの獲得もできなかった。このとき「友達で周りを固めたからだ」と国内から猛烈な批判を浴びたが、島野さんはすでにこの世にいなかった。もし島野さんが健在だったら、星野さんは迷わず島野さんをヘッドコーチに選んでいただろう。そう思うと、やりきれない思いでいっぱいである。

川上哲治さんがヘッドコーチに選んだ牧野茂さんという人

なぜ星野さんが、島野さんをヘッドコーチに選んだのか。前述したが、私は川上哲治さんの影響が大きかったと見ている。前にもお話しした通り、星野さんと川上さんは深い信頼関係で結ばれていた。その川上さんから、

「監督たるもの、右腕となる参謀は仲のいい人間ではダメだ。分析力があって、広い視野で物事を見られる人間がいい。それには友情などは関係ない」

と言われれば、星野さんも納得していたはずだ。

川上さんは、巨人をＶ９に導いた監督であったが、見逃してはならないのは川上さんと共に歩んだ参謀の存在である。その人物は牧野茂さんだ。のちに藤田元司さんが巨人の監督に就任したときもヘッドコーチを務めた人物である。

牧野さんといえば、「巨人のヘッドコーチ」のイメージが強いせいか、現役時代も巨人出身のように思われる人もいるが、実はドラゴンズで現役を過ごした。明治大学から１９５１年にドラゴンズに入団し、８年間を過ごした。その後引退し、１９６０年の１年間だけドラゴンズでコーチを務め、翌年は、デイリースポーツで野球評論家として舌鋒鋭い批

評を書いた。

このとき批評のターゲットにしたのが巨人だった。巨人の長所や短所を的確に指摘し、勝敗のポイントになった場面や、采配面で気になったことなどを具体的に挙げた。それが当時、巨人の監督1年目だった川上哲治さんの目に留まり、牧野さんの指摘する内容の鋭さに感心した。それが縁で、1961年のシーズン途中から牧野さんは巨人のヘッドコーチに就任することになった。

当時は現役時代に所属したチーム以外で指導者として雇われることがなかった時代だったので、ドラゴンズにいた牧野さんが巨人のユニフォームを着ることは、異例中の異例だった。

そうまでして川上さんが牧野さんに託したかったのは、メジャーのロサンゼルス・ドジャースで実践され、成功を収めた「ドジャース戦法」をチームに根ざすことだった。巨人がアメリカのフロリダ州ベロビーチで春季キャンプを行った1963年、巨人の首脳陣や全選手が帰国した後もアメリカに残り、ドジャース戦法の研究に明け暮れた。その結果、「守備練習こそが勝利への直通路である」と結論づけ、1965年から73年までの9連覇というかたちになって表れたのだ。

のちに川上さんが、「牧野がいなかったら巨人のＶ９は達成できていなかったであろう」と話していたことからも、牧野さんに対して絶大な信頼を寄せていたことがわかる。

「お友達内閣」で勝てるほどプロは甘くない

翻って立浪監督である。彼は監督在任期間の３年間、落合英二、片岡篤史という同級生をヘッドコーチに据えた。私に言わせれば、これが間違いのもとだった。

星野さんや川上さんを見ていけばわかる話だが、友達や仲間を首脳陣に据えると、本音が言えなくなる。勝っているときはいいが、負けが込んできたとき、チームの命運を左右するような状況に陥ったときなどには、星野さんにおける島野さんのような、直言してくれる人でないとヘッドコーチは務まらない。この点に対する考え方が、立浪監督は間違っていた。

これが仕事だけのつながりの人間関係であれば、はっきりとしたもの言いができる。このケースの場合、２人をつなげているのは友情ではなく、「ビジネスパートナー」であることだ。

私の周りでもいたのだが、「仲がいいから」という理由で、友達同士で事業を起こし、数年後にトラブルになって会社は倒産、友人関係も解消されたというケースだ。この場合、会社の経営がうまくいっているうちはまだいい。問題は、うまくいかなくなったときである。

たとえばAが社長、Bがサポートする役回りをしていた場合、Aの意見よりもBの意見が正しい場合であっても、強く言えないがために、間違った方向に進んでしまい、結果的ににっちもさっちもいかなくなった、なんてことは往々にしてよく聞く話だ。

つまり、立浪監督と落合、片岡の場合も同じことが言える。「同級生だから何でもわかり合える」という理由で監督とヘッドコーチになってしまうと、監督が間違っているときでも強く言えない、あるいは意見が交錯し、人間関係までこじれてしまうということはある。

実際、2022年から23年まで一軍ヘッドコーチ（投手コーチ兼任）を務めていた落合は、2024年シーズンから二軍の投手兼育成コーチに代わり、一軍のヘッドコーチを片岡が務めた。だが、思うように結果が出ないまま、結局は立浪監督とともに退任することになった。

片岡は金本知憲が阪神の一軍監督になった際の打撃コーチだったが、やはり思うような成果を残せなかった。一部の心ないファンからは、「指導者としては問題があるんじゃないのか」という声も聞こえてきたが、私が知る限りの片岡という人間は、人に気を使えるし、自分より年下の人に対して横柄な態度をとるなんてこともない。男気があって、なかなか見どころのある人物だと思っている。

ただ、あえていえば性格的に優しすぎる。これは実生活では長所になるのだが、こと勝敗のつく野球界の指導者としては、「甘い」と見られてしまうのかもしれない。それが立浪監督との間でも、「はっきりとモノが言えない」という状況に陥ってしまったとも考えられる。

これが星野さんや川上さんの場合だと、島野さんや牧野さんとは明確に一線を画していた。もちろんプライベートではあまりつながりがないからといって、邪険にするようなところは一切ない。むしろ、もともとのつながりがないからこそ、いい意味での緊張感のある人間関係が築けていたに違いない。

友達ではない人を右腕となるヘッドコーチに選んだ星野さんと川上さん、友達をヘッドコーチに選んだ立浪監督との違いはこのあたりにも浮き彫りになっているが、結果はどちらが正しかったのか。それは日の目を見るより明らかである。

立浪と落合ではまったく異なる野球観

続いて2人目の監督として挙げておきたいのは、落合博満である。

2004年に監督に就任し、8年間でリーグ優勝4回、日本一1回、すべてAクラスという点からすると、2000年代のドラゴンズを勝利に導いた監督であることは間違いない。

落合と立浪の監督としての手法は逆だった。落合は「最少得点でも勝つような、守りを中心とした野球」を確立し、立浪は「攻撃に軸を置いた野球」を確立しようとした。この点については、落合の手法が正しかった。「オレより打てる打者はいない」と公言していたが、実際その通りだったし、「打撃は手取り足取り指導して、急速に改善されるものでもない」ということも知っていた。だからこそ春季キャンプでは内野手をノックで鍛え、守備でのミスを極力減らすことに努めた。

立浪は違った。「自分が教えれば打者は必ずよくなる」と信じ込んで指導にあたったものの、結局はよくならなかった。立浪監督が就任する前年の2021年シーズンのチーム打率は2割3分7厘、405得点、381打点で、いずれもリーグ最下位だった。

次に挙げるのは、2022年から24年までの3シーズンのチーム打率、得点、打点である。

22年：2割4分7厘（リーグ4位）、414得点（リーグ6位）、397打点（リーグ6位）
23年：2割3分4厘（リーグ6位）、390得点（リーグ6位）、370打点（リーグ6位）
24年：2割4分3厘（リーグ3位）、373得点（リーグ6位）、358打点（リーグ6位）

見ていただいたように、チーム打率は3位に上昇したが、得点と打点はセ・リーグで最下位のままだった。つまり、点を取ることの課題は残されたままだった。

これに対して落合は違った。たとえばドラゴンズが優勝した2011年シーズンのチーム打率、得点、打点を見ていくと、

11年：2割2分8厘（リーグ6位）、419得点（リーグ6位）、401打点（リーグ6位）

この成績にもかかわらず、チームの順位は1位、つまり優勝したのだ。

勝ち抜けた理由に挙げられるのが、一にも二にも投手陣だった。チーム防御率2・46、完封勝利18も、失点（410）、自責点（351）と、すべてリーグトップだった。

こうしたことを踏まえると、立浪も落合と同様、広いバンテリンドームを本拠地としている以上は、「守り勝つ野球」に力を入れていくべきだった。もちろん野球は打って勝つほうが面白いと思う人が多いのは間違いないが、それとチームが勝つのはイコールにはならない。この点について、立浪は解説者時代からもっともっと分析しておくべきだった。

ただ、立浪と落合は難しい間柄だった、という見方もある。この章の冒頭でもお話しした通り、高木さんと山田に対して、立浪は「いい監督」と思っていた一方で、落合のときにはレギュラーから控えの代打の切り札的存在となっていた。全盛期に比べて力が落ちてきていた時期だったとはいえ、レギュラーで使ってもらえなかった落合に対して、いい印象がなかったことも十分考えられる。

その結果、落合と距離を置いた人間関係だったとしたら、何も学ぶことはないと考えるだろうし、お手本にする要素もないと考えていたのであれば、それはそれで致し方がないというほかにない。

グラウンドを離れたマスコミへのリップサービスに欠けていた落合

落合については、監督としての采配面については評価している。しかし、グラウンドを離れたところ、つまり報道陣を前にしたところでの姿については違う。その理由は、マスコミとファンへの不義理な対応があるからだ。

マスコミの前では貝になり、担当記者を前にして、「お前たちに説明する義務はない」と平然と口にすることもあれば、人を食ったような態度でろくにコメントも残さず監督室に入ってしまうこともたびたびあった。たまに口をついて出てくるコメントは、「何もない」「ご覧の通り」「好きに書け」「こんな日もある」とわずかな言葉だけである。

落合の頭のなかには、「お前たち」の後ろに何百万人といるドラゴンズファンはもとより、野球ファンの存在が抜け落ちている。ドラゴンズの親会社が新聞社であるにもかかわらず、新聞記者に対してのぞんざいな態度を一向にあらためようとしなかった。マスコミに対して冷淡な態度を取り続け、「ファンが見ている」という視点で物事を考えることができない点を考えると、プロ野球の監督としてはむしろマイナス評価である。

プロ野球の監督は、勝てば称賛の声が上がる。これは間違いないが、一方で監督自らコメントを発することにより、お客さんを球場に集める効果もある。「勝つことが最大のファンサービス」と落合は言い続けていたが、落合自身がもっと情報発信を行っていれば、ドームの観客はもっともっと増えていたのではないか——。私はそう考えている。

森繁和の功績は、格安の外国人助っ人を発掘したこと

そうしたなか、立浪監督がもっとも学んでおくべきだったのは、落合の下でヘッドコーチを務めていた森繁和のドミニカを中心とした中南米ルートの助っ人獲得についてである。森は立浪の現役時代はおもに一軍バッテリーチーフコーチだったが、のちに２０１７年と18年の２年間、ドラゴンズの監督を務めた。そこであえて３人目の監督という位置づけでお話しさせていただきたい。

森のドミニカルートは、最初から築かれていたわけではない。２００４年のオフに、ドミニカで開催されたウインターリーグの視察に行ったことがスタートだった。当時のドラゴンズは海外の編成担当が不在で、監督だった落合からこんなオーダーをもらった。

「実績がなくても、たとえ1年目の成績がダメでも、もう1年使ってみたいと思うような、

26～27歳までの、安く獲れて、ちょっといい選手」

球団が用意した資金は1億円。仮にメジャーでそこそこの実績を残した30歳前後の選手1人を５０００万円で獲得した場合、額面通りに活躍できなければ、「なんであんなのを獲ったんだ」「ほかにもっといい選手がいたんじゃないのか」と非難囂々となってしまう。だが、若いドミニカの選手であれば、一人１０００万～２０００万円程度で獲得できるし、伸びしろの余地があることが立証されれば、「よし、使ってみよう」となる。

ただし、森にはドミニカとのパイプはまったくなかった。ないものから探すというのはひたすら困難でしかない。そこで頼りにしたのが、西武時代に一緒に戦ったドミンゴ・マルティネスだった。実はマルティネスは西武時代から森にこう言っていたそうだ。

「ドミニカやベネズエラ、プエルトリコ、コロンビア、メキシコではウィンターリーグが開催されている。そのなかにいい選手がいるから、見にきたら面白いんじゃないか？」

当時は「行ければいいな」程度にしか思っていなかったというが、落合の指示があってから２００４年オフ以降の7年間、毎年冬になるとドミニカに通い続けた。そのなかで08年に入団したマキシモ・ネルソン、09年にはトニー・ブランコと、のちに日本で大活躍するドミニカの選手たちの獲得に成功した。入団時の年俸はネルソンが１０７０万円、ブランコが2700万円である。結果から言えば、これは大当たりだった。

ネルソンは2011年には開幕投手を務め、シーズン10勝を挙げてドラゴンズ優勝の立役者となった。またブランコは、2008年に退団したタイロン・ウッズに代わる主砲として期待されての入団だったが、1年目に全試合で4番に座り、打率2割7分5厘、39本塁打、110打点で本塁打王と打点王に輝いた。格安で優秀な助っ人外国人を発掘することに成功したのは、森の地道なドミニカ訪問によるものと言っていい。

「ドミニカルート」について、もっと知っておくべきだった

立浪も監督就任1年目のオフとなる2022年にドミニカに渡り、アリスティデス・アキーノ、オルランド・カリステ、3年ぶりにドラゴンズに復帰となるソイロ・アルモンテの3人を獲得した。とくにアキーノは、ダエン・ビシエドに代わる本塁打の打てる中軸候補としての期待が高かった。

だが、アキーノとアルモンテは散々な結果に終わった。アキーノはわずか20試合に出場しただけで打率1割5分4厘、1本塁打、6打点に終わり、アルモンテも打率は2割を切

り、28試合に出場、１本塁打、２打点という数字しか残せなかった。唯一、カリステはユーティリティ性を買われて２０２４年シーズンを過ごしたが、７本塁打、36打点は助っ人外国人としては物足りないと言わざるを得ない。

立浪は自身の目で見て判断して獲得したというが、現地で視察して結果を出したからといって、そのまま日本のプロ野球にフィットするわけではないということを、あらためて思い知らされたと思う。森も長いことドミニカ、さらにはほかの中南米にも獲得ルートを広げていったが、成功に結びつけるプロセスのなかで、想像をはるかに超える苦労もしている。

ドミニカはもとより、中南米の国々はとにかく治安が悪い。繁華街から一歩裏道に入ったところなど絶対に歩けないし、もし歩こうものなら背中に拳銃を突き付けられるような事態に巻き込まれることだってありえる。

実際、森も中南米の国の野球を視察した際には、いろいろと怖い目に巻き込まれそうになったというが、あのいかにもインテリヤクザ風な風貌がその筋の人と勘違いされたということもあったのだろう。それは冗談として、危険な思いをしてまで毎年のように足しげく通っていたからこそ、ドミニカとの太いパイプができたわけだし、日本で活躍できそうな外国人選手の獲得の成功につなげていったのは間違いない。

それまで外国人を獲得するとなれば、メジャーで動き回るエージェントを通した紹介によるものがほとんどだったが、彼らは自分たちが契約している選手をとにかく売り込みたい一心で、いいことしか言わない。彼らから送られてくる選手の映像も、本塁打を打っているところや、好守備をみせているシーンなど、まるでPR動画のような売り込みしかしてこない。これでは信用などまったくないに等しいし、仮に1億円や2億円もの大金をかけて獲得した結果、日本で活躍できなかった場合でも、喜ぶのは大金が保証されているエージェントと選手の側だけである。

それならば現場で地道に汗を流す森のほうがよっぽど信用できる。選手の能力を直に見て評価するだけでなく、獲得を目指す選手がどんな環境で育ってきたのか、日本での生活にフィットできるかどうか、弱点を攻められたときにそれを克服しようとするだけのメンタリティは兼ね備えているのかどうかなど、選手周辺の関係者を洗って聞きこみもできる。高いお金を吹っ掛けて売りこんでくるエージェントよりも、はるかに信ぴょう性の高い情報が拾えるわけだ。森のルートがあるかないかだけでもまったく違う。

だからこそ立浪は森から積極的に情報収集をしてからドミニカに渡るべきだった。森だって、かつて自分が指揮したチームの後輩から「ドミニカのことについて、いろいろお聞きしたいんです」とお願いされたら、むげに断るような男ではない。

立浪自らの目で判断して外国人選手を獲得しようとドミニカに渡った心意気は評価できるが、さらにもう一歩、踏み込んで先輩の意見を参考にすることをすべきだったんじゃないか。そうした面が欠けていたことも、悔やまれるのである。

第5章　私が考える、中日が優勝するための改革案

勝つための戦力が少しずつ揃ってきたドラゴンズ

立浪監督の就任前、そして就任してからの中日ドラゴンズの戦いを比べると、最近のほうが戦力は整っているように感じる。まだ課題は多く、いきなり優勝は難しいかもしれないが、少なくともAクラスを狙えるだけのチーム力はある。

そう思えるようになったのは、野手陣が充実しはじめていることにある。打線の柱となった細川成也を筆頭に、内野は石川昂弥、村松開人、田中幹也、福永裕基、外野に目を向けると、岡林勇希が懸命な姿でプレーしている。今年はまだまだ経験を積む必要があったが、来季はさらに戦力を上乗せしたかたちで、今年とは違った結果を出せる可能性がある。

ただし、これだけは言いたい。「打てる選手が出てこない布陣」になってしまったのは、立浪監督のせいではない。彼の場合、ドラフトで獲得した選手を、あの手この手で試してどうにか使えるように起用し続けていたからだ。

なぜここまで「打者が枯渇した状態」になってしまったのか。私はドラゴンズのドラフト戦略に問題があると見ている。

たとえば2006年以降にドラフト上位指名された選手で、今でも主力として張っているのは、ドラフト１位で２０１１年に入団した高橋周平くらいである。２０１４年のドラフトに至っては、支配下、育成を問わず入団した選手全員が残っていない。
これは巨人と比較しても明らかだ。たとえば今年の８月11日のバンテリンドームでの巨人戦のスタメンを比較する。

【巨人】
１番ライト：丸佳浩（２００７年ドラフト４位）、２番セカンド：吉川尚樹（16年ドラフト１位）、３番センター：エリエ・ヘルナンデス、４番レフト：岡本和真（14年ドラフト１位）、５番ファースト：大城卓三（17年ドラフト３位）、６番サード：坂本勇人（06年ドラフト１位）、７番ショート：門脇誠（22年ドラフト４位）、８番キャッチャー：小林誠司（13年ドラフト１位）、９番ピッチャー：菅野智之（12年ドラフト１位）

【中日】
１番センター：岡林勇希（２０１９年ドラフト５位）、２番サード：福永裕基（22年ドラフト７位）、３番レフト：オルランド・カリステ、４番ライト：細川成也（16年ドラフト５位）、５番ファースト：石川昂弥（19年ドラフト１位）、６番ショート：村松開人（22年ドラフト２位）、７番キャッチャー：木下拓哉（15年ドラフト３位）、８番セカンド：板山祐

太郎（15年ドラフト6位）、9番ピッチャー：大野雄大（10年ドラフト1位）

このように見ていくと、巨人はドラフト1位で獲った5人の選手が額面通りの活躍を見せているのに対し、ドラゴンズはドラフト1位の選手は2人だけ。どちらかというと下位指名の選手がスタメンを張っていることがわかる。巨人よりもドラゴンズのほうが二軍で鍛えられた「たたき上げの選手」が多いという印象もあるのだが、別の見方をすれば「ドラフト1位の野手がスタメンで活躍していない」とも受け取れる。

ドラゴンズが「中京圏出身の選手」を懸命にドラフトで獲得していたワケ

このような結果になってしまったのは、ドラゴンズのドラフト戦略に問題がある。ドラゴンズは昔から名古屋圏、もっと言えば中京圏の選手を多く獲りたがる傾向が強くある。

私の現役時代でいえば、星野さんと同じ年に入団した大島康徳（中津工業・68年ドラフト3位）、少し下の世代でいえば、藤波行雄（静岡商～中央大学・73年ドラフト1位）、平野謙（名古屋商科大学・77年ドラフト外）、最近で言えば石川昂弥（東邦高・２０１９年ドラフト1位）、髙橋宏斗（中京大学中京・20年ドラフト1位）らが挙げられる。

実績を残しているのであれば文句はない。だが、一軍で実績も残せないまま、ひっそりと退団してしまった中京圏出身選手は過去に大勢いる。

こうした地元の選手を獲得し続けた理由の一つに、

「名古屋のお膝元、あるいは準お膝元で生まれ育った選手を獲得し、それらの選手が活躍した暁には中日新聞で大々的に取り上げて、購読者の増加につなげたい」

という親会社の願望も、少なからず影響していたように思える。たとえば1977年ドラフト2位の小松辰雄は石川県出身だが、これとて「石川エリアで中日新聞の購読者を増やせれば」という期待があった。そうした思惑を知ってか知らずか、最多勝や最優秀防御率、沢村賞などのタイトルを獲得して、プロの世界で実績を積み上げた小松は立派の一言に尽きるが、全員が全員、彼のように活躍できたわけではない。

お膝元の出身選手で、本物のサラブレッドのような選手が現れるのは、10年に1人いるかいないか程度に見ておくのがいいくらいだ。本来であれば、どこで生まれようが、あるいはどこで育ってどんな学校を出ていようが関係なく、純粋に野球の実力だけを評価して選手を獲得するべきだ。にもかかわらず、「親会社の意向」で選手を獲得しても、活躍できるかどうかなんて誰にもわからない。その意味では、ドラフトが成功するかどうかはバクチ的な要素もある。

立浪政権下ではこうした流れを変えた。２０２１年はブライト健太（上武大学）、22年は仲地礼亜（沖縄大学）、23年は草加勝（亜細亜大学）と、ドラフト1位選手は中京圏出身の選手を選ばなかった。２０２３年は愛知県岡崎市出身の上田希由翔（明治大学）がロッテに1位指名されたが、草加を選んだのだ。左右のエース格の大野雄大や柳裕也らが、年齢的にも下り坂になっていくことを考えると、「次世代の主力投手に」という指名はあながち間違ってはいない。

引き続き親会社の意向が働くようなドラフト指名を減らしていき、「戦力になると考えている選手」を獲得していくことで、チーム力が強化されていくのではないかと期待している。

名古屋にもう一つ、ライバルチームをつくるべき

名古屋は住むには便利な位置にある。私の息子家族が名古屋に住んでいるので、解説の仕事以外でも時折訪れるのだが、新幹線の「のぞみ」で名古屋から東京まで1時間30分を

ちょっと超えるくらい、新大阪までだと50分を切る。東京よりも大阪寄りの場所であることは間違いないが、新幹線に乗ってしまえば、長い距離に感じることはまずない。

ドラゴンズは名古屋市内にバンテリンドームがあるので便利であることは間違いないが、私は名古屋にあえてもう一球団誕生させてみてはどうかと思う。

２０２４年シーズンから二軍の新球団として「ハヤテ２２３」が誕生したが、ハヤテの本拠地であるちゅ～るスタジアム清水のある静岡市清水区は、はっきり言って交通の便が悪い。東京であれ、名古屋であれ、このスタジアムに行くには、静岡駅で下車して、さらに在来線で清水駅まで乗り継いでいく。仮に東京から清水駅に行くならば、逆方面に戻ることになる。

さらに駅からスタジアムまでは約5キロと、徒歩で向かうには無理がある距離だ。タクシーやバスなどを利用し、ようやくスタジアムに到着するのだから、着くまでにとてつもない労力を費やしてしまうわけだ。

けれども名古屋は違う。新幹線、在来線、私鉄、地下鉄と、すべての鉄道が集うターミナル駅である。中京圏随一の規模を誇る駅に球場があるのは、選手はもちろんのこと、観客にとっても利便性が高く、野球観戦にはうってつけの立地ではないか。

そこで私が考えているのは、現在ドラゴンズの二軍が使用しているナゴヤ球場を本拠地として、他の球団を招聘すればいいんじゃないのか、ということだ。新幹線からも見えるこの球場は、株式会社ナゴヤドームが管理者となっているが、新球団が名古屋に来た暁には、所有者を新球団に変えてしまうのだ。しかるべき費用を払ってでも進める価値があると私は見ている。

野球は個人の趣味・娯楽を超えて、日本の文化の一つと言ってもいい。老若男女が楽しめるキラーコンテンツである。手軽な料金で入場チケットを買い、野球を見終わってから、繁華街で飲食をして帰宅……。そうした行動パターンを考えると、日本を代表する都市のひとつであり、なおかつ交通網の発達している名古屋は、理想郷のような場所と言えよう。

もしそうなれば、昔から老舗球団として地域に定着している中日とて、安閑としてはいられない。お尻に火がついて、本当の意味で「チーム強化をしなければ、あとからきた球団に人気、実力ともに追いていかれる」と危機感を持つようになるかもしれない。

西武が名古屋に移転すべき理由

それでは、どの球団が名古屋に来るべきか。私はズバリ、西武ライオンズだと思っている。

「所沢に立派なドーム球場があるんだから、あえて移転する必要なんてない」という声があがるかもしれないが、私は「所沢に居座り続けるメリット」よりも、「所沢から出るメリット」のほうが大きいんじゃないかと思っている。

所沢にいるメリットとして考えられるのは、「今の経営状態を維持したままでいられる」ことである。これは当然といえば当然のことかもしれない。だが、選手たちにメリットがあるのかと問われると、答えは「ノー」。なぜなら「本拠地が所沢に所在するのは、大きなハンディだから」だ。

かく言う私自身、解説の仕事で何度もベルーナドームに行ったことがある。私の事務所は都内にあるので、そこから車で所沢まで行くとなると、渋滞の時間を予測して出かける必要がある。実はこれが問題なのだ。

首都高速から関越道に乗り、所沢インターチェンジで降りる。ここまではいい。だが、そこからは渋滞に次ぐ渋滞で、一向に車が進む気配がない。

「ひょっとして、この先で事故でも起きているんじゃないのか?」

と考えてしまうほどだ。牛歩のように進んでいくと、どうやら事故は起きていないとわかる。「どこまでこの渋滞は続くんだろう」と思いつつ運転していると、気づけばベルーナドーム付近に来たことがわかる。しばらく進んでようやく関係者の駐車場に入れる……

これが毎回である。

もちろん帰りにドームから出るまでも大変の一言。そして出てからバイパスを通り、所沢インターチェンジの入り口付近に差しかかるまで、来たときと同じノロノロ運転が続く。

けれども私はまだいい。仕事でベルーナドームに来るのは、せいぜい1年に1回程度なのだから。「まあ、今日は渋滞するんやろうな」とある程度覚悟を決めて行くから、さほど大きな問題ではない。

だが、選手を含めた球団関係者となると、そうはいかない。本拠地だからこそ、3連戦、場合によっては6連戦ともなれば、毎日のように渋滞の心配をしなければならない。そのストレスたるもの、我々の想像をはるかに超えるものであることは間違いない。

しかも一軍の選手全員が所沢近辺に住んでいるわけではない。「便利」だから都内に住んでいる選手もいると聞いている。

球場までの移動時間が長いと、選手は疲弊してしまう

何が便利なのか。その答えは「日々の移動」である。

西武の遠征先は一軍だと、千葉、仙台、北広島、大阪、福岡の５都市になる。千葉は東京近郊だからいいとして、問題は他の４都市だ。仙台、大阪は新幹線での移動が主となるが、北広島、福岡は飛行機での移動を余儀なくされる。

たとえば仙台や大阪、あるいは北広島や福岡で３連戦が終わった翌日に所沢で試合がある場合を考えてみよう。飛行機が発着する羽田空港、新幹線が発着する東京駅や品川駅から所沢まで、たんに遠いだけでなく所要時間が読めないわけだ。これほど苦痛なことはない。

都内に住んでいる選手が、いったん自宅に帰ってからドームに向かうとする。時には、集合時間がある関係でそれすら許されない状況になる。そうなると休む間もなく試合に突入する悪循環に陥ってしまう。

こうなってしまったのも、パ・リーグの状況が昔と比べて大きく変わってしまったからだ。西武が球団を所有した1978年当時は、日本ハムが後楽園、ロッテが川崎、南海が大阪、近鉄が藤井寺、阪急が西宮と、東京近郊か大阪界隈に移動できればよかった。だからこそ「所沢は田舎だな」と思いつつも、移動がそれほど苦にならずに済んだ。

けれども1988年に阪急からオリックス、南海からダイエーに親会社が替わると、オリックスは神戸を本拠地に(当時)、ダイエーは福岡へと移転した。さらに1992年にロッテは川崎から千葉に移転し、2004年には日本ハムが札幌に移転。2005年からは、近鉄の後釜である楽天が本拠地を仙台にした。

つまり、西武球団が誕生してから26年の間に、5球団の本拠地がガラリと変わってしまったわけだ。これによって苦労を強いられているのは、ほかでもない選手たちである。

西武の主力選手は、FA権を行使して移籍するイメージが強い。事情は各々あるだろうが、私は「本拠地に向かうまでの移動が苦痛」というのが大きな理由ではないかと考えている。西武球団は、「一度すべての選手にヒアリングしたほうがいいのでは?」とさえ思えるのだが、「名古屋に移転する」となったら、「それなら西武でプレーしよう」と移籍を思いとどまる選手も出てくるのではないだろうか。

繰り返すが、１９７８年当時と今とでは状況がまったく違う。球団の上層部が本気で選手のことを考えているのであれば、いっそのこと本気で移転を考えてもいいのではないだろうか。

本音を言えないＯＢ解説者にメスを入れよ

解説者が「本音を言えない」風潮がますます進行している。本当に厄介な問題だ。たとえば北海道なら日本ハム、仙台なら楽天、大阪なら阪神など、それぞれ地元に根付いた野球番組が存在する。そこで登場する解説者は、ほぼそのチームのＯＢというのは間違いなく、仮にシーズン前の順位予想をする際には、必ず地元のチームが１位の予想となる。

これがソフトバンクならまだいい。「あれだけの戦力がそろっているから、まあそうだろうな」と大抵の人は理解しているし、実際優勝を逃したとしても、惜しいと言えるレベルの成績を残している場合が多いから、予想が大きく外れるようなことはない。

問題はそうではないチームの場合。早い話、優勝はおろか、Ａクラスに入るのさえ困難なチームの場合でも、「間違いなく優勝します」と言ってしまう節操のなさが情けない。「お前、本心からそう思っとるのか?」とこっちが聞きたくなってしまう。

こうしたことが、試合の解説でも起こりえる。地元チームの選手がエラー、あるいは凡退したとしても、「惜しかったですね。次はいいプレーが見たいですね」と、もはや激励に終始してしまうことになる。忖度以外の何物でもない、身びいきだらけの解説だ。対して選手たちは、「これでもいいんだ」と勘違いしてしまう。プレーの向上を図るどころか、「仕方がない」と、妙な開き直りが生まれてしまう。これでは選手の技術は向上しない。

もちろんドラゴンズも例外ではない。名古屋でドラゴンズを応援している番組があるが、批判めいた意見はほとんどない。「ドラゴンズ万歳」と、偏向報道に近い番組である。まるで某国の独裁者を賛美する番組のようである。これでは選手たちは鍛えられない。

当事者のOBたちも、地元でドラゴンズ関連の仕事が欲しいからこそ、身びいきじみた立ち振る舞いになってしまうと見ているが、OBだからこそ、もっと厳しい意見を述べてあげるべきだと私は思っている。そのほうが選手のためになるし、単に「もっと頑張ってほしいですね」と言っているようでは、「ボク、一生懸命頑張ったね」と少年野球でわが子を応援する親と何ひとつ変わらない。ＯＢが変な忖度をせず、本音で解説をしてあげることこそ、低迷しているチームには必要なことだ。

私は「忖度」という言葉が嫌いなので、つい本音を言いすぎてしまうところもあるが、ドラゴンズのＯＢのなかから、スパイスの効いた解説を厭わない、気骨のある解説者が出てくることを期待したい。

たとえ古参でも、柔軟な発想を備えたＯＢこそ大切にすべき

最近の若い人の傾向として、「新しいものはいい」「古いものは悪い」という単純な考え方が浸透しているように思える。野球でいえばトレーニング方法がそうだし、野球の技術においても「昔のやり方で打てるんですか？」と言うことをいう人も出てきているそうだ。

私はそうは思わない。70代後半ではあるが、これまでの人生経験を踏まえた意見として、「新しいものでもダメなものはダメだし、古いものでもいいものはいい」と主張したい。

これに異論や反論を挟む人もいるだろうが、ドラゴンズのようにチーム成績が低迷している今だからこそ、あえて「昔の人の意見を聞きなさい」と言いたい。

昔の人にあって、若い人にないものは人生経験である。そんなこと当たり前だと思われるかもしれないが、この経験というのはバカにできない。先人たちの知恵が混じっているからだ。

今は「投高打低」と言われているが、たしかに投手と打者の成績を見れば、投手の防御率はいいし、打者は3割打者が大幅に減ったように思える。見た目の数字で明確なのだから、そう考える向きがあってもおかしくない。

だが、「どうして投手は長いイニングを投げられなくなったの？」という疑問には、誰も答えられない。最新のトレーニング理論によって、投手の肉体は進歩したはずなのに、長いイニングを投げようとすると、途端に肩やひじを故障する。これでは「いったい何のためにトレーニングしているのか」という疑問があるのは、なにも私に限った話ではない。同じことが低迷しているチームにも言える。繰り返しになるが、今はちょっとでも厳しいことを言うと、すぐに叩かれるという風潮がある。だが、これではいつまでたっても下位のチームは低迷したままだし、素質が良くても、能力をフル活用できない野球選手は、いつまでも日の目を見ることはない。

そんなときだからこそ、古参のOBの意見も取り入れるべきなのだ。ドラゴンズの場合、具体名を挙げると権藤博さんである。

権藤さんは、入団1年目の１９６1年に１３０試合制のなかで先発にリリーフにと69試合に登板。35勝で最多勝、最優秀防御率、沢村賞、新人王、ベストナインなどのタイトルを獲得した。そのうえ32完投で４２９回３分の1を投げた。イニング数については、１９５０年に2リーグに分裂して以降、いまだに破られていない数字である。連投に連投を重ねた権藤さんを指す言葉として、「権藤、権藤、雨、権藤」という流行語まで生まれたほどだ。

権藤さんがドラゴンズの投手として、プロの世界で実働したのは5年間だけだったが、投手心理や調整法、さらにはケガでリハビリしていたときにやっておくべきことや苦労なども、事細かに理論的に説明できる人だ。こんな人は野球界ではなかなかお目にかかれない。

だからこそドラゴンズ以外の球団から指導者としてお声がかかったわけだし、１９９８年に横浜が38年ぶりの日本一になったのも、当時の監督だった権藤さんの手腕によるところが大きい。２０１7年、78歳のときにＷＢＣの投手コーチも務められ、85歳を超えた現在も元気な姿で始球式をこなすなど、今なお健在である。

すでに行っているかもしれないが、ドラゴンズは権藤さんのようなOBにチームの再建策をうかがうというのも、一つの方法だと思う。現場でシーズンを通じて指導するのは体力的に難しいだろうが、人生経験が豊富で、なおかつ理論的に語れる人というのは決して多くはない。ぜひとも百戦錬磨のOBを登用して、チーム成績を向上させてほしいものだ。

「声をかけてはいけないOB」も、実際にいることを忘れるな

一方で声をかけてはいけないOBも存在する。「昔の自分の武勇伝を語りたがるOB」だ。

私と同い年のある球団OBは、名球会に入っていながら、指導者として古巣からはまったく声がかからない。彼などまさに典型的である。

自ら培った野球理論について話しだしたとする。それについてはまったく問題がない。人によって、その理論が合う、合わないと判断するだろうが、個人の考えということで理解していればいいだけの話だ。

問題は話しはじめてから30分を過ぎたあたりから。野球理論について語っていたはずが、

いつの間にか自らの成功体験に終始した自慢話に変わっているのだ。聞いているほうからしたら苦笑いするしかない。

こうしたＯＢは、何歳になっても変わることはない。若い人からしたら、「うるさい人だな」程度にしか思われなくなってしまう。そうした見方はある意味正しいし、「自慢げに話をしているのがうっとうしい」と思うのはある意味必然である。

実際、プロ野球には権藤さんのようなＯＢよりも、「話の長いＯＢ」のほうが多い。これは古参であろうが、比較的若かろうが、年齢など一切関係ない。だからこそ球団側は、声をかけるべきＯＢについて、くれぐれも間違えてはいけない。

自らの自慢話がとまらないＯＢでは、結局のところ、「時間を浪費するだけで終わった」ことになるのがオチである。アドバイザー的な役割を果たせそうなＯＢの存在を、球団内でしっかり把握しておくことも大切になってくる。

監督を現役時代のネームバリューで選んではいけない

ドラゴンズに限らず、日本のプロ野球にありがちなのが、現役時代のネームバリューで監督を選びがちなことだ。

実績はあるにこしたことがないかもしれない。だが、それによって結果を残せるとは限らない。過去のプロ野球の歴史でも証明されている。

2000本安打を放った、あるいは200勝したという理由で監督に据えても、肝心の成績がついて来ない。就任前に三顧の礼で迎えたはずのフロントも、成績の低迷が続けばタイミングを見計らい、「はい、お疲れさまでした」と肩を叩いて別の人材を用意する……。どこの球団とは言わないが、こうした流れがまかり通ったままでは、何年かかってもチームは強くならない。

むしろ現役時代にスター選手であった人ほど、監督としては不向きだと考えたほうがいい。スター選手は才能に加え、それに裏付けされた技術が備わっていたから、データを必要とせず、細かなチームプレーとも無縁のところで戦っていた。そのため自分がいざ指揮官になると、緻密な野球ができない。ひどい場合は、作戦の重要性をまるで理解しようとせず、相手の戦術を読むこともできなければ、有効な作戦を考案することもできない。

さらに言えば、スター選手は、自分ができていたことを「みんなもできる」と思い込んでしまっているパターンも多い。できない選手に対して、

「どうしてできないんだ！」

と癇癪を起こした挙句、起用しなくなる……なんていうケースも珍しくない。言ってみれば、思ったことが何でもできてしまうゆえ、苦労知らずなのである。普通の選手の気持ちや心の痛みがわからないままでいるというわけだ。

そこで立浪監督である。果たして彼はどうだっただろうか？　高校時代から結果を残して騒がれ、高卒1年目からいきなりプロの世界で活躍した。周囲の人間だってほっておかないだろうし、気がつけば取り巻きのような人間が出てきたって不思議ではない。

そうして惜しまれつつも引退し、機が熟して機運が高まった頃にいざ監督になったものの、すべての歯車がかみ合わないまま、1年が過ぎ、2年が過ぎ、とうとう3年目になっても思うような成果を上げることができなかった……というところだ。

だからこそ、球団フロントは「現役時代の人気や実力」だけで、監督を判断してはいけない。現役時代の知名度や成績と、監督になる資質はまったく異なるものである。二軍で朝から晩まで練習に付き合う指導者のほうが、よっぽど信用できる。ドラゴンズに限らず、どの球団にも言えることだが、そうしたことを肝に銘じて監督の人選を行ってほしいものである。

「仲良しクラブ」の首脳陣では勝てない

最近のプロ野球を見ていると、監督と首脳陣の関係が学生時代の先輩・後輩、あるいは現役時代に仲の良かった者同士で組んでいることが多い。勝てれば問題はないだろうが、仲良しだとチームが厳しい局面を迎えたときに、面と向かって本音で語るのが難しいし、傷口のなめ合いをしていることだってありえると思う。

もし勝てる組織をつくりたいのであれば、学生時代や現役時代にはまったく接点のなかった人物をコーチに据えてみるのがいい。なぜなら、彼らは純粋に指導者としての能力を買われて、その職に就いているからだ。

たとえば巨人は原辰徳監督の第二次政権下で、伊原春樹（2007〜10年）を一軍ヘッドコーチに、尾花高夫（2006〜09年）を一軍総合投手コーチに据えた。原と伊原、尾花は年齢がバラバラなうえ、学生時代、現役時代ともに接点がない。にもかかわらず、首脳陣として要職に就けたのは、「チームを勝たせるため」の一言に尽きる。

私が運営しているYouTubeチャンネル（『エモやんの、人生ふらーりツマミグイ』）に、尾花をゲストに呼んだことがあった。そのとき彼に当時の巨人の話を聞いたのだが、当初は二軍の投手コーチに就任するはずだった。けれども原監督から直接、「一軍投手コーチに就いてほしい」という要望を聞いたため、一軍で辣腕を振るうことになったのだ。

このとき一軍ヘッドコーチだった伊原とは「口を聞いたことがない」と言っていた。2人の仲の悪さはテレビ画面を通じてもわかるほどだったが、それでも2人ともプロフェッショナルとして職務を遂行した。

尾花はそれまでにもロッテで広岡達朗さん（1995〜96年）、ヤクルトで野村克也さん（1997〜98年）、ダイエーとソフトバンクで王貞治さん（1999〜05年）のもとで投手コーチを務めていた。一方の伊原は、西武で広岡さん（1982〜85年）、森祇晶さん（1986〜94年）、阪神で野村さん（1999年）のもとでヘッドコーチを務め、その後は西武とオリックスで監督も務めた。原としては、実績十分の彼ら2人を純粋に能力を評価して選んだのだろう。

実際、2人が加入してから巨人は変わった。尾花が言っていたのは、「投手のチーム防御率が劇的に向上したこと」だ。尾花が就任する前年の2005年はチーム防御率が4・80で、広島と並んでセ・リーグ最下位だったのが、2009年には2・94でセ・リーグ1位と飛躍的にアップ。チーム防御率というのは、FAで補強した選手が活躍したからとか、ドラフトでイキのいい投手が入団したから数字がよくなったということではない。チームの投手陣全員が頑張らないと向上しないのである。

それを成し遂げたのだから、尾花の獲得は正解だったし、２００７年からのセ・リーグ3連覇は、原監督が勝つための最善の方法として、伊原と尾花を首脳陣に入閣させたことが大きかった。

翻って今、ドラゴンズに限らず、12球団を見渡してみても、「いったい誰のどういう接点があって、この人を引っ張ってきたの？」と思える、突然有能な指導者が入閣するケースがほとんど見られない。誰かしらのつながりがあって、結果として仲良しクラブのような首脳陣で構成されていることが多い。長い目で見ても、これで優勝しようというのはなかなか難しい話だ。

だからこそ、純粋にその人の仕事ぶりを評価し、戦う集団の一員として入閣させることも、低迷しているチームには必要なことである。来季のドラゴンズは首脳陣が一新される。どういう人材が入閣し、長丁場のシーズンを戦おうとしているのか、注目している。

ファンの声に左右されない球団経営を

今の時代、インターネットやＳＮＳなどでファンが発する声というのは目に見えてしまう。聞こえるのではなく「見える」のだ。実はこれが厄介なのである。

応援しているチームが負ける。それがネットのニュースに出て、ファンがコメントを寄せるわけだが、目に余るような内容のものが、数えきれないほどあふれている。徐々に負けが込みだして優勝はおろか、Ａクラスを確保するのさえ困難になってくると、当初は非難めいた文章だったものが、明らかな誹謗中傷へと変わっていく。これでもかとばかり過激なコメントがたて続けに出てくると、個人攻撃どころか、まるでリンチをしているかのようである。

ファンにしてみれば、「問題を提起した」と思っているのだろうが、相手から名指しで指摘された人にしてみれば、そんなふうには一切考えていない。こうした声が今、プロ野球の監督に集中してしまうのだから、たまったものではない。

立浪監督の監督生活３年間のなかで、２０２３年からの2年間はまさにこんな状況だった。怨恨が、今度は球団側へと向かっていく。

「いつまで監督に据えているんだ」

「本当に勝ちたかったら、監督を交代させろ」

「負け続きの野球はもう見たくない。早いところ首脳陣を刷新しろ」

だいたいこんなところだろうが、球団としてはやらなければいけないことがある。それは、チームに負けが込んでいるとき、どういった考えでその監督を起用しているのか、明確なビジョンを示すということだ。

かつて広島、西武、ダイエーで監督を務めた根本陸夫さんを例に挙げよう。根本さんがそれぞれのチームを率いた計11年間は、Aクラス（3位）が1回、4位が5回、5位が1回、最下位が4回と、まさにBクラスの常連だった。

ところが、根本さんの後を引き継いだ広島の古葉竹識さん、西武の広岡達朗さん、ダイエーの王貞治さんは、チームをリーグ優勝、日本一に導き、常勝チームへと育て上げている。もちろん根本さんのしっかりした戦略があってのことだが、「将来チームの屋台骨を背負っていく選手を獲得して育て上げている間は、チーム成績が低迷するのは仕方がない」という割り切りがあったからこそ、3チームとも野球史に名を残すようなチームを作り上げることができたのだ。

今回のドラゴンズでいえば、立浪監督にどんな役割を期待したのか。「3年以内に優勝してほしい」では、戦力的には人材が乏しいと言わざるを得ないし、「人気にあやかって、お客さんをたくさん呼んでほしい」というのであれば、どんなにチームの成績が悪くても、続投させたほうがよかったはずだ。

「3年以内にチームが優勝できるよう、いい選手を育て上げて、ドームにたくさんのお客さんを呼んでほしい」

という矛盾交じりのノルマを突き付けたのだとしたら、責任のすべてを立浪監督に背負わせるのではなく、フロントにも落ち度がある。にもかかわらず、ファンの非難の声に、「このままではイカン」と手を打った結果、退任してもらう方向で話を進めたのでは、この先、誰が監督をやっても同じような結果になるのは目に見えている。

だからこそ私は考える。仮にフロントが、「今のチームは低迷している。この状況を打開する方法として、勝つためのプロセスを築き上げられる人を新監督に据えよう」と考えているのであれば、2〜3年は低迷したって辛抱できるはずだ。なぜなら監督に据えた意味が明快だし、そうした考えで選んだのであれば、「こうしてチームをよくしていこう」という信念が感じられる。ちょっとやそっとファンから非難されたって、動じる必要はない。

それさえできなかったということは、「立浪」というネームバリューにあやかって、「ファンがドームに大勢足を運んでくれるようになるだろう」という一方的な期待を膨らませただけだったからだ。そして、「現役時代は素晴らしい選手だった。監督としてもきっと試合展開を読んだ采配をしてくれるだろうし、選手も育成してくれるだろう」と、あくまで願望にすぎないことを押しつけた結果ともいえる。

この先、ドラゴンズを強くしたいというのであれば、決して監督任せにしてはいけない。でなければ、同様の事態が再発する。信念をもって、「こういうチームにしていくべきだ」という未来図を描く。そうすれば低迷していようとも、ファンの声にいちいち反応することは減ってくるんじゃないか。

「バンテリンドームの外野にホームランテラスを設ける」ことを実行すべき

近年言われ続けていることだが、ドラゴンズが勝つためには、本拠地であるバンテリンドームを改良する必要がある。具体的に言えば、レフト側とライト側にホームランテラスを設けることだ。

ソフトバンクの本拠地であるみずほPayPayドームを見てほしい。外野にホームランテラスがない時代は、フェンスオーバーしなければ本塁打にならなかった。それが2015年にホームランテラスを設けて以降は、劇的に本塁打が増えた。とくに柳田悠岐、李大浩、松田宣浩の、3選手の14年と15年の成績を比較するので見てほしい。

柳田	14年	144試合	15本（6本）→	15年	138試合	34本（13本）
李	14年	144試合	19本（10本）→	15年	141試合	31本（21本）
松田	14年	101試合	18本（5本）→	15年	143試合	35本（23本）

※（　）内の数字は、PayPayドームでのホームラン数

このように見ていくと、2014年と15年では、本塁打の数が一目瞭然だ。本塁打数を大きく伸ばしていることがわかる。とくに柳田は、2015年は打率が3割6分3厘、34本塁打、32盗塁のトリプルスリーを達成し、首位打者も獲得した年だ。トリプルスリーと首位打者を同時に獲得したのは、日本のプロ野球史上で柳田が初めてである。これだけの数字が残せたのは、いろいろな要因が考えられるが、ホームランテラスを設置したことが、彼にとっては好影響になったともいえる。

さらに2015年以降のチーム成績である。テラス設置前の2005年から14年までの

10年間は、Aクラス8回（1位3回、2位1回、3位4回）、Bクラス2回（4位1回、6位1回）だったが、2015年から今年までの10年間は、Aクラス9回（1位4回、2位4回、3位1回）、Bクラス1回（4位1回）。なんと2位以上が8回と、驚異的な成績を残している。

「選手層が厚いから当たり前の結果じゃないか」という声もあるかもしれないが、ホームランテラスとは無関係ではないと思っている。従来の「守り勝つ野球」から「打って勝つ野球」にシフトチェンジしたことで、これまで以上に大胆な野球ができるようになったのが、好成績につながったのではないかと見立てている。

だからこそ、ドラゴンズのフロントに言いたい。

ソフトバンクを見習ってホームランテラスを設置すべきだ。今のチームで本塁打を打てるのは細川成也だけかもしれないが、今後は他の選手も打てるようになってくる可能性がある。結果として、全体の打撃成績が今より向上し、守りにウエイトを置いたチームづくりだったのが、打つほうにウエイトを置いたチームづくりに変えていくことができる。

代償として、「相手チームにも本塁打を献上するんじゃないのか」という見方もあるが、私は投手が力のあるボールをコントロールよく投げられさえすれば、そうそう本塁打を献上することはないと思っている。何よりもドラゴンズの投手は、12球団でも高いレベルを誇っている。その点もプラスに考えて取り組んでみるのも、一考の余地があるはずだ。

それでもうまくいかないなら、いっそのこと中日は球団を手放すべきだ

ここまでいろいろな策を講じてきたつもりだが、すべてうまくいかない場合は、親会社である中日新聞は球団経営から手を引くべきだと考えている。過激な意見に聞こえるかもしれないが、私は至って真面目に主張したい意見だ。

新聞業界は今や斜陽産業の最たるものだ。発行部数は年々減り続け、本業だけではままならず、不動産事業でなんとかしのいでいるという話も聞く。野球に投資するだけの余力がないのであれば、いっそのこと他の企業に売却することも検討すべきだろう。

幸いにも愛知県には、デンソー、ブラザー工業、メニコン、アルペンなど名だたる東証一部上場企業が控えている。トヨタ自動車は、「球団を所有したら、ドラゴンズを除く他球団のファンが車を買ってくれなくなる」という理由もあってか、球団買収に参入してくるとは考えづらい。それを差し引いても、中京圏は中日新聞以上の規模を誇る企業がたく

さんある。

もし一社で経営できない場合は、広島のように独立採算制で経営を行い、親会社を持たない球団としたうえで、「中京ドラゴンズ」という名前に変えたっていい。年俸を上げる算段をして、ドームの設備投資にも資金を投じることができるのであれば、選手側に何も文句はないだろう。

今の時代、球団を経営することは並大抵のことではない。かつては経営が赤字であっても、広告宣伝を兼ねて球団を所有していれば、それですべて丸く収まるということがあった。けれども今は違う。球団経営だけで成り立たせて、入場料収入やグッズ販売などを増やして黒字化させて、収益を出すことが求められている。つまり、昭和的などんぶり勘定では立ちゆかないということだ。

「とうとうくるところまできたか……」という思いをお持ちのファンもいるかと思う。ドラゴンズのフロントは、危機意識をもって球団経営にあたっていただきたい。

第6章　名監督はどういう条件の下で生まれるのか

今は15年以上の長期政権が担えないシステムになっている

今の時代、二軍監督から一軍監督に昇格するケースが多い。セ・リーグでいえばヤクルト、巨人、ＤｅＮＡがそうだし、パ・リーグだと西武、オリックス、楽天、ソフトバンクがこれに当てはまる。

たしかに二軍監督を経験していれば、采配面で機転が利くこともあるだろうし、何よりどんな若手選手がいるのかを把握できることも大きい。そうして育てた選手を、いざ自分が一軍監督になったときに抜擢する、というケースも多く見られる。

メリットを挙げればそういったところだろうが、一方で契約期間内に結果が出せなければ「はい、ご苦労さん」と肩を叩かれてしまう。こうしたサラリーマン的な人事の要素を受け入れたうえで務める必要があるのが、今日の監督たちである。

そのうえ、契約年数が決まっているので、昔のように15年、20年と監督を続けられる環境ではない。２０２３年まで巨人の監督を務めた原辰徳は、通算17年間の監督生活を送ったが、今の流れからいくと、今後は原のように長い年数を務める監督は「出てこない」と考えるのが自然だろう。

そこで考えるのが、「名監督はどうやって生まれるのか」ということ。南海の鶴岡一人さんや、巨人を含め多数の球団で監督を務めた水原茂さん、三原脩さん、藤本定義さんらのように長いこと監督を続けられる土壌が今の各球団にはないだろう。そして、長期政権によるマンネリ化や弱体化が訪れると、監督を交代させて新しい風を吹かそうとする姿勢が見え隠れする。

今回は立浪監督をテーマにお話ししているが、監督人事で苦労しているのは中日だけではない。ほかの球団もどのように次の監督を用意するのか、頭を悩ませている。当然、集客力に期待して監督を選ぶ人事もあれば、低迷を続けるチームに喝を入れるため、あえて厳しさを前面に押し出した監督にすることだってある。

つまり、球団が現在抱えている状況によって、監督が決められていく構図は今後も変わっていくことはないだろう、というのが私の見方である。

野村さんが言っていた「捕手出身者に名監督が多い」は真実ではない

いったい、どんな人材が監督に適しているのか。たとえば野村さんがよく言っていた

「捕手出身者に名監督が多い」という、あのフレーズである。しかし、本当に捕手出身者が名監督になっているのかと言われれば、実はそうでもないことがわかる。

投手だったら先発に中継ぎ、抑えとさまざまなパターンの人材がいるし、内野手や外野手は言わずもがなだ。対して捕手というポジションはたったの一つしかない。それだけに、捕手出身の監督は人材が限られてしまうのだが、野村さんが主張していたほど、日本一、もしくはリーグ優勝をしていないことがわかる。

たとえば2000年から23年シーズンまでのプロ野球を見ていこう。捕手出身者でリーグ優勝を果たしたのは、2001年の近鉄と09年に日本ハムの監督を務めた梨田昌孝、2004年に西武を率いた伊東勤、2021年から23年までオリックスを3連覇に導いた中嶋聡の3人しかいない。しかも全員がパ・リーグ出身の監督で、伊東と中嶋はそれぞれ1回ずつ日本一になっている（伊東は2004年、中嶋は21年）。

けれども、セ・リーグに至っては一人もいない。もちろんこの間に捕手出身者で監督になった者は存在する。2006年から2年間、ヤクルトで選手兼任監督を務めた古田敦也、2007年から09年までの3年間、当時の横浜（現・DeNA）で監督を務めた大矢明彦、2014年から16年までドラゴンズの監督を務めた谷繁元信（2014年と15年は選手兼任監督）、２０１９年から22年まで阪神の監督を務めた矢野耀大だ。

チーム成績を見ていくと、古田は3位、6位、大矢は4位、6位、6位、谷繁は4位、5位、6位、矢野は3位、2位、2位、3位という結果に終わった。4人のなかでも矢野は比較的成績がいいともいえるが、阪神の選手層を考えると、２０２１年、22年シーズンはリーグ優勝してもおかしくなかった。

だが、２０２２年シーズンは春季キャンプが始まる前日に突如、「今年限りで監督を辞める」と選手の前で発表し、開幕してから9連敗を喫するなど低迷。最後はどうにか3位に滑り込んだが、突然の退任発言の影響でシーズンを通して不完全燃焼で終わった感が強かった。そうしたこと柄を踏まえて考えていくと、お世辞にも矢野を名監督とは呼べないのである。

外野手出身者にも名監督と呼べる人材が出てきた

一方で、野村さんが主張していた「外野手出身者に名監督はいない」という意見。これも２０００年以降に限っていえば、そうではないことがわかる。

リーグ優勝に絞って見ると、セ・リーグでは２００１年のヤクルトの若松勉と15年の真中満、２０１６年から18年まで広島を３連覇に導いた緒方孝市らがいる。パ・リーグだと２０１１年と14年のソフトバンクの秋山幸二、２０１２年と16年の日本ハムの栗山英樹となる。しかも２００１年のヤクルトの若松、16年の日本ハムの栗山は、いずれもチームを日本一に導いている。

リーグ優勝の回数だけ見ていけば、捕手出身者が６回であるのに対して、外野手出身者は９回と、野村さんの主張とは違った結果になっていることがわかる。

外野手出身監督と捕手出身監督が相まみえる日本シリーズ、２００１年のヤクルトと近鉄はまさに好例である。結果から言えば、４勝１敗でヤクルトが勝った。当時の近鉄は「いてまえ打線」と呼ばれ、中村紀洋やタフィ・ローズら強力打線がチームをけん引。打ち勝つ野球でたどり着いたリーグ制覇であったが、大味な野球を捕手出身者である梨田がよしとしていた。

つまり、捕手出身者だからといって、緻密な野球をやるとは限らない。いうならば梨田は現有戦力を最大限活かす采配で結果を出したのだ。

また外野手出身者同士の監督の対戦というのもあった。２０１６年の栗山監督率いる日本ハムと、25年ぶりのセ・リーグ優勝を果たした緒方監督率いる広島である。このときは2桁勝利と20本塁打以上を放った二刀流の大谷翔平と、この年限りで現役引退が決まっていた黒田博樹に注目が集まったが、結果は4勝2敗で日本ハムが勝利した。

最大の見どころは、日本ハムが日本一を決めたマツダスタジアムでの第6戦だった。4対4の同点で迎えた8回表、二死から西川遥輝（現・ヤクルト）、中島卓也、岡大海（現・ロッテ）の3連打で満塁にすると、打席には中田翔が立った。次の打者は投手のアンソニー・バースだったが、このときネクストサークルに、この試合に出場していなかった大谷が姿を現すと、スタジアム内がザワついた。

「ここで大谷が代打で出てくるのか！」

多くの野球ファンがそう思ったことだろうが、マウンドのジェイ・ジャクソンも明らかに動揺した様子が見られ、中田に対して投球を乱した。結果、押し出しの四球で日本ハムが勝ち越し点を挙げた。すると直後、大谷はベンチに引っ込むが、さらに日本ハムは攻撃の手を緩めず、この回一挙に6点を取って試合を決めた。

このシリーズを見ていて、外野手出身者同士の大味な野球だと感じたことは一度もなかった。試合の流れとしては持ちつ持たれつの、純粋に面白いシリーズだった。それだけに、野村さんの「外野手出身者の監督は……」という主張は、まったく当てはまらないと感じたのも事実である。

野村さんの主張は「前例のなさによって作られた迷信」だった⁉

なぜ野村さんはこのような主張をしたのか。たしかに野村さんの時代は捕手出身者の監督がリーグ優勝したり、日本一になったりしていたが、それは野村さんと阪急、日本ハムを率いた上田利治さんと、1986年から94年まで西武の監督と務めた森祇晶さんの3人に限定される。

つまり、野村さんが阪急に追いつき、追い越せでしのぎを削っていたライバルチームの監督が捕手出身者であったこと、さらには日本シリーズで対戦した西武の監督もやはり捕手出身者であったことから、こうした主張が形成されたのではないか。

さらに「外野出身者監督に名監督はいない」というのは、実際に戦後セ・パの2リーグに分裂してからリーグ優勝を果たした外野手出身監督は、2000年に入るまで1981年の大沢啓二さん（日本ハム）と91年の山本浩二さん（広島）の2人しかいなかった。しかも2人とも日本一にはなっていない。大沢さんが日本シリーズに出場した81年は藤田元司さん率いる巨人、山本さんが日本シリーズに出場した1991年は森さん率いる西武が、それぞれ日本一になっている。

前例の少なさゆえ、野村さんをそうした主張に向かわせていたのだろうが、結局、監督というのは、捕手出身者であろうと、外野手出身者だろうと、どこを守っていたかのポジションは関係ない。ある程度戦力が整備されてさえいれば、勝てる確率が高くなるということがいえるはずだ。

日本ハムの監督を10年間務めた栗山も、現在の新庄監督やドラゴンズの立浪監督と同様に、コーチなどの指導者経験がないまま、いきなり監督になった。それでも監督1年目の2012年にパ・リーグを制覇。ただ、これは戦力的に恵まれていたタイミングだった。投手の吉川光夫、捕手の鶴岡慎也、二塁手の田中賢介はベストナインを、一塁手の稲葉篤紀、三塁手の小谷野栄一、外野手の陽岱鋼はゴールデングラブ賞を獲得しているし、糸井嘉男にいたってはベストナインとゴールデングラブ賞をW受賞している。つまり、「完成された戦力が揃っていれば、監督1年目でも優勝できるチャンスはある」ということだ。

繰り返すが、監督としての能力は、現役時代に守っていたポジションに左右されるわけではないのである。

にもかかわらず、こうした理論をよしとしてしまったのは、野村さん一人のせいではない。「それ、おかしいですよ」と言えなかったスポーツ紙の記者やスポーツライターにも責任の一端はある。

信憑性をろくすっぽ調べもせずに、「ノムさんが言っているんだから間違いない」としてきた彼らは、このような事実があると知ったらどう考えるのだろうか。この点は野球ジャーナリズムにかかわっている人たちが考えるべき課題といえるかもしれない。

野村さんでも失敗した、「弱いチームは弱いチームのまま終わった」ケース

さらにいうと、どんな名監督であっても、弱いチームを率いると「弱いチームのままで終わってしまう」という歴史は繰り返されてきた。

まず野村さん自身がそうだった。ヤクルトでは就任1年目は5位、2年目は3位、3年目にリーグ優勝と、まさに「ホップ・ステップ・ジャンプ」で歩んできた。ヤクルトでは9年の監督生活のなかでリーグ優勝4回、日本一3回という成績だった。

そうした実績を引っさげて、阪神の監督に就任。野村さんも「弱いチームを強くするのはオレの専売特許や」と妙に自信満々に言っていたものだったが、結果は3年連続最下位という成績に終わった。その後の楽天も就任1年目から3年目までは6位、4位、5位と低空飛行だったが、監督最終年となった2009年に2位と飛躍したことで、なぜか名監督の称号を手にした。

当時の阪神と楽天に共通していたのは、とにかく戦力が乏しかったこと。スタメンを1番から9番まで並べたとき、「よくこれで勝とうとしているな」と思うことが一度や二度ではなかった。

ある年に神宮球場で行われたヤクルト対阪神戦で、野村さんが期待できそうもない外国人投手を先発で起用して、案の定負けた。私は翌日のスポーツ紙で、ぼろくそに批判したのだが、その日も神宮球場で試合があることもあって、グラウンドに足を運ぶと、野村さんが私の顔を見るなり、ツカツカと寄ってきた。このとき、「あっ、オレの記事を読んだな」と直感した。

その直後、メモ用紙を私の前でパタパタさせながら開口一番、「おい、誰がいるんや?」。そこには阪神の一軍投手の名前がズラッと書かれていた。

「何を開き直っているんですか？　それが監督の言うことですか？　自分の責任じゃないですか」

私がそう言うと、「なんだと」と言って、野村さんは大きな声で怒鳴ってきた。そこからはもう口論へと発展していき、最後はまるで子どものケンカのようになってしまった。

当時のことを振り返っても私は間違っていないと断言できるが、周囲の記者たちの呆れた表情を恥ずかしながら今でも思い出す。

結局、阪神と楽天での7年間の監督生活の通成績は979試合で425勝540敗14分け。勝率に直すと、4割3分4厘と大きく負け越したのである。

名監督が弱いチームを率いて失敗するケースは他にもあった

名監督と呼ばれる人が弱いチームを率いたケースは野村さん以外にもある。横浜の監督を務めた古葉竹識さん（1987～89年）と森祇晶さん（2001年～02年）である。

古葉さんといえば、南海時代に野村さんのもとで守備・走塁コーチを務めたのち、広島の監督に就任。11年間でリーグ優勝が4回、日本一は3回で、Bクラスになったのは19

７７年の５位と82年の４位の２回だけ。まさに名監督と呼ぶのにふさわしい成績だった。

その古葉さんが大洋（現・ＤｅＮＡ）を率いた３年間は、５位、４位、６位とまったく結果を残せなかった。広島時代との違いは明らかで、高橋慶彦のように数百球のティー打撃を若手選手にさせようとしても、「あそこが痛い、ここが痛い」と訴えてくるばかりで、思うように鍛えられなかったことも要因の一つだった。

古葉さんは、自身が退任する際の記者会見で、「チームを変えるには３年ではなく、５年は必要」と話していた。低迷するチームを上昇気流に乗せるには、それほどの時間を要するというわけだ。

一方の森さんは、巨人で川上さんのもとでプレーしてＶ９を達成したときの正捕手で、広岡さんのもとでヤクルト、西武ではヘッドコーチを務めた。１９８６年に就任した西武の監督時代は、９年間でリーグ優勝８回、日本一６回と無類の強さを誇った。投打ともに戦力が充実していたとはいえ、これだけの優勝回数を残すというのは、采配に優れていると いうほかない。

だが、古葉さん同様、横浜では思うような結果が出せなかった。１年目こそ３位となったものの、２年目は主力選手との間にすきま風が吹き、シーズン途中の９月25日に球団が解任を発表。投手陣のチーム防御率と失点はリーグ5位、攻撃面では打率、得点、安打数、本塁打数のいずれもリーグ最下位に終わった。

古葉さん、森さんに共通しているのは、球団側が「名監督を据えたら、チームを勝たせてくれる」という考えが透けて見える。だが、現実はそう甘くない。古葉さんが「5年は必要」と言っていたように、どんな名監督であっても、弱いチームを強くするには相応の時間が必要だし、何よりも球団側が監督任せにしているようでは、そのひずみは早晩、顕在化してしまう。

それだけに、この失敗例からは、「球団側も監督と一緒になって、低迷している現状を乗り越えようとしない限りは、チームは生まれ変わることができない」ということを学ばせてもらった。

巨人の監督養成システムは12球団一と言っていい

監督を養成するにあたって、参考にすべき球団があるのかと聞かれれば、私は真っ先に「巨人」と答えたい。

巨人は川上哲治さん（１９６１～74年）から長嶋茂雄さん（１９７５～80年、１９９３～01年）、藤田元司さん（１９８１～83年、１９８９～92年）、王貞治さん（１９８４～88年）、原辰徳（２００２～03年、２００６～15年、２０１９～23年）、阿部慎之助（２０２４年～）と、名監督のバトンが脈々と受け継がれてきた。つまり、巨人の野球観の原点は、川上さんにあるといえよう。

長嶋さん、王さんは川上監督のもとでプレーしていたし、藤田さんは川上さんが監督のときの一軍投手コーチを務めていた。さらに原は、長嶋さん、王さん、藤田さんのもとでプレー。結果的に17年間もの監督生活を送り、阿部は原のもとで選手、コーチとして在籍。本人たちは知ってか知らずか、根底には川上さんの野球が必ず存在している。こうした流れができているのは、12球団のなかでは巨人だけだ。

長嶋さんはコーチの経験がなく、現役引退した翌年すぐに監督になった。監督学のようなものは何ひとつ身につけていないと思われがちだが、そうではない。１９７３年に南海から私の大学時代の1年先輩だった富田勝さんを巨人がトレードで獲得したいという話があった際、南海の選手兼任監督だった野村さんが待ち合わせ先のお店に行くと、川上さんの隣に長嶋さんも同席していた。野村さんが一瞬驚いた後、川上さんから、

「彼は将来、巨人の監督を務める男です。トレードというものをどうやって行うのか、実際に見せてやりたいので、このまま同席させてもよろしいでしょうか」

という話があり、野村さんはそれを二つ返事で承諾した。このとき野村さんは、「巨人は監督システムが確立されているんだな」と感心した、という話を実際に聞いたことがあった。

さらに言えば、藤田さんのもとで王さんは3年間、助監督を務めていたし、原も長嶋さんのもとで3年間、ヘッドコーチとしてチームを支えた。こうした下地がきちんとしているのも、巨人ならではといえる。

ただし、二つだけ例外がある。2004年と05年の2年間、監督を務めた堀内恒夫と、2016年から18年までの3年間、監督を務めた高橋由伸である。彼らはあくまで「読売グループ内の人事異動」で誕生した政権であって、川上野球を根底から学んでいたわけではない。

現役時代は自分たちの好きなように伸び伸びプレーさせてもらって、実績を残すことができた。それゆえ監督としての勉強が不足したまま監督に就任したから、損な役回りになった。その点は同情すべき点だったといえるかもしれない。

それらを差し引いても、巨人は監督養成システムが脈々と受け継がれていることがわかる。川上さんが監督となった１９６１年から原が監督を退任した２０２３年までの63年間で監督の座に就いたのは７人だけであることが、そのことを証明している。このように私はとらえているが、みなさんはどう考えるだろうか。

もしも原辰徳がドラゴンズを率いていたら……

今から10年以上も前に、『もし高校野球の女子マネージャーがドラッカーの『マネジメント』を読んだら』なるタイトルの本がはやったことがあったが、「もしも原辰徳がドラゴンズの監督率いていたら」を考えてみよう。

原はたしかに巨人の監督として実績を挙げた。通算１２９１勝は輝かしい記録ではあるが、これは充実した戦力を誇る巨人においてこそ達成された数字である。

第２回ＷＢＣのときも、原は見事に世界一となり、優勝監督となった。このように原はオールスターのような戦力を誇るチームのマネジメントはうまい。誰もがギスギスすることなく、気持ちよくグラウンドでプレーさせる能力は、平成におけるプロ野球監督として随一だと思っている。

そんな原が、戦力的に未完成なチームで采配を振るったらどうなるのか。原の立場上、現実には起こりえないストーリーで、あくまでもたとえばの話だが、私は厳しいのではないかと思っている。

その理由に挙げられるのが、巨人の監督晩年だった2022年と23年の2シーズンである。2019年、20年とセ・リーグ連覇を果たしたものの、日本シリーズではソフトバンクに8連敗とコテンパンに一方的にやられ、2021年シーズンも優勝街道をひた走っていると思ったら、終盤に失速し、以降は優勝戦線に加わることができなかった。

なかでも2022年と23年シーズンは、投手では菅野智之、打者では坂本勇人の衰えが目立ち、過渡期に入ったなかでシーズンを戦わなくてはならなかった。ウィークポイントをどうにかして補おうと、ドラフトやトレード、新外国人を獲得するなどして、乗り越えようとしていたが、思うようにいかず、2年連続4位とBクラスに低迷。結局、このシーズン限りでユニフォームを脱ぐこととなった。

当時の原はとにかく我慢ができない采配が目立った。投手は投げさせてみて、四死球を連発するようなら即交代。スタメンで使った新戦力の野手も2～3打席打たせて思うような結果が出なければ交代と、見ている側としては落ち着きのない采配のようにとらえていた。

そうしたことを踏まえて考えると、未完成の選手が多いでドラゴンズではどうなるか――。

私は2022年、23年シーズンの采配を再度見せつけられるんじゃないかと思っている。たしかに投手のコマは揃っているが、いかんせん打線全体の迫力が欠けるうえ、長打が期待できるのはクリーンナップだけである。そうなると打つ手も限られていて、采配がハマったときは勝つが、そうでないときは負ける――。そんな結果に終わるのではないだろうか。

そう思うと、原はやはり「巨人の監督」で終わってよかったのではないかと思う。

小久保裕紀と阿部慎之助の「監督としてお手本となった人」とは

2024年はパ・リーグがソフトバンク、セ・リーグが巨人と、いずれも4年ぶりの優勝となった。ソフトバンク監督の小久保裕紀、巨人の阿部慎之助はいずれも監督1年目。

チームの立て直しと勝つことを両立させた手腕は見事なものだ。

両者に共通しているのは二つある。一つは「指導者として一、二軍の両方で経験していること」だ。小久保は2021年に一軍ヘッドコーチ、22年から2年間二軍監督を務めた。そして、阿部は現役引退した翌20年から2年間は二軍監督、22年は一軍作戦兼ディフェンスコーチ、23年は一軍ヘッド兼バッテリーコーチと、指導者としてキャリアを積んできた。

要するに、球団がしかるべき経験を積ませてから満を持して一軍監督となった。彼らは現役時代に多大な実績を残したスター選手だっただけに、「監督になったら絶対に成功してもらわないと困る」という球団の姿勢がはっきりと見てとれる人事で経験を重ねさせた。

もう一つは、小久保は王さん、阿部は原と、いずれも名監督の采配を間近で見てきたことだ。

小久保は王さんのシンパであることを公言しているが、王さんの考え方や選手との距離の取り方などを見て参考にしてきた部分は間違いなくあっただろうし、そこからさらに今の時代に合わせて選手がプレーしやすい環境づくりを行ってきた。ソフトバンクは一軍から四軍まであって、熾烈な競争を勝ち抜かないと一軍の試合には出場できないが、いい意味で実力だけを純粋に評価した選手起用ができたからこそ、スタートからゴールまで息切れすることなく駆け抜けることができた。

阿部にとって大きいのは、原の17年間の監督生活のすべてを、同じユニフォームで過ごしたことである。それだけに、選手、指導者時代を通じて、原のいい面も悪い面もすべて見てきた。いいところは参考にしただろうし、悪いところはバッサリ切って阿部流にアレンジしてきたのだろう。

それを象徴するのがオフの戦力補強である。２０２３年シーズン以降、仮に原が監督を続けたならば、まず打者を補強し、打って勝つことを推し進めていたはずだ。しかし、阿部は中継ぎ投手の補強を優先し、「競った試合をいかにモノにできるか」を考えてきた。捕手出身者らしさがこのあたりに出ているが、とにかく阿部は守備力重視の野球を目指していた。

また、投手に対して辛抱強かった。少し悪くても簡単には代えず、たとえ打たれても投手に対して責任感を持たせることに腐心していた。このあたりも晩年の原の采配を見て、「オレならこうしよう」という考えがあったと見ている。

いずれにしても、両者が優勝監督となれたのも、決して偶然ではなく、「実力で勝ち取った優勝」であると言い切れる。

野村さんが言っていた、「次世代の監督を育てなかったのはオレたちの責任」

令和に入ってから就任した監督は、ほぼすべてのケースで球団が主導して決めた人物ばかりである。ここまでお話ししたような、「現場の監督が次世代の監督を育てた」というケースを挙げるならば、長嶋さんに育てられた原、原に育てられた阿部という巨人だけではないか。他の球団は次の監督のなり手を球団サイドで用意したというケースが多い。

実はこのことを誰よりも悔やんでいたのが、野村さんだった。

これは野村さんの晩年の話であるが、あるメディアの対談企画で近年の監督について話していたところ、いつものように「最近の監督は理解できない」とボヤき始めた。私たちは「そら、また始まった」と思いながら耳を傾けていたのだが、話の最後になって、「でもな……」と言ったかと思うと、次に出てきたのはこんな言葉だった。

「今の監督たちを非難する資格はオレにはないかもしれない。だってオレたちが、次世代の監督を育てなかったのは事実だからな」

野村さんがそこまで考えていたとは思わなかった。自分たちにも落ち度があったと認めたことが、意外だったために正直驚いた。ただ、実際その通りだ。ヤクルトでは若松勉を自分の手元において学ばせたと話していたが、阪神、楽天では監督になれそうな人材を見つけられなかったのか、それとも自分のことで必死だったのかまではわからないが、野村のDNAを引き継いだ者が、チームを指揮したということはなかった。

ひょっとしたら、野村さんは自分の築いてきた野球を受け継いでくれる者を心のどこかで探していたのかもしれない。ただ、それは結果としてうまくいかなかった。このとき野村さんは監督を退任して10年以上が経過していたが、「監督を育てるのは、監督なんだな」ということをあらためて知らされた思いがした。

名監督になる人は、名監督の下で学んでいる

野村さんが悔やんでいた、名監督が名監督を作る例は過去に巨人以外にもあった。阪急、近鉄で監督を務められた西本幸雄さんがキーマンになった例だ。西本さんは日本一の経験こそないものの、大毎で1年間監督を務めてリーグ優勝1回、阪急で11年間指揮を執ってリーグ優勝5回、その後近鉄を率いてリーグ優勝2回と、合わせて8回の優勝経験がある。その間、阪急で上田利治さん、近鉄で仰木彬さんという人材を育て上げた。

その結果、上田さんは阪急での監督生活15年間のなかでリーグ優勝5回、日本一3回を達成。とくに1975年からの4連覇は目を見張るものがある。仰木さんは近鉄、オリックスの14年間の監督生活のなかでリーグ優勝3回、日本一1回で、一度も最下位を経験していない。

両者に共通するのは、「西本さんから監督としての熱さを学んだ」と言ってはばからないことだ。口数は多くなかったものの、選手とは真剣に向き合い、時には鉄拳制裁も辞さない姿勢だった。当時だから許されるという部分もあったかもしれないが、数多くの選手から慕われていたのもまた事実である。

西本さんは一度も日本一になっていない。そのことで「悲運の名将」と言われ続けているが、西本さん自身は、

「3チームで選手に恵まれて8度も日本シリーズに出ているのだから、悲運の名将なんかじゃない。あえて言うなら『幸運な凡将』ですね」

と話しているあたりが、西本さんの人柄といえよう。

仰木さんは近鉄で野茂英雄、オリックスではイチローを育てた名伯楽として知られている。もし仰木監督のもとにいなければ、彼らが野球界で活躍できていたのかと思う。しか

るべき人物が監督になることは、きわめて重要なことなのである。

このように見ていくと、監督というのは成功するのが難しいポジションであることがよくわかる。実績を残した人たち以上に、実績を残せずユニフォームを脱いだ監督の数のほうが多い。ただし、強いチームには強くなる理由があり、弱いチームには弱くなってしまう理由が必ずある。球団側が監督人事の主導権を握って進めていきたいというのであれば、そのあたりを精査して、ネームバリューにこだわらず、監督としてふさわしい人材を選ぶ。そうすれば低迷期を脱することができると、私はそう考えている。

第7章　「ミスタードラゴンズ」にセカンドチャンスを！

監督からコーチになった野球人はたくさんいる

2022年から3年間で立浪監督は退任した。3年連続最下位という結果に終わった以上、仕方がないと見る向きもある。

だが私はここであえて言わせていただくが、「もう一度、立浪に監督のチャンスをあげてほしい」と思っている。もちろん1~2年先にとは言わない。3年先でもいいし、もっと言えば5~6年先でもいい。彼が還暦を迎える前後あたりから再び監督としてのチャンスをあげてもいいんじゃないかと考えている。

そのために立浪がしなければならないことがある。言わずもがな、一にも二にも自己研鑽を積むことである。できれば解説者としてではなく、ドラゴンズ以外の球団でコーチとしてユニフォームを着てもらいたい。

「監督を務めた人が、他球団でコーチなんて……」という考えをお持ちの人もいるかもしれないが、前にもお話しした通り、山内さんや中西さんだって打撃コーチとしてよそのメシを食べていた時期があったし、旬の選手たちを指導することに充実感を得ていた。立場が変わって立浪だって山内さんたちと同じような感覚で選手たちを指導できる可能性がある。

それに監督からコーチになった人は、山内さんや中西さんだけではない。西武、ロッテで合わせて9年間監督を務めた伊東勤だって、2019年から21年までの3年間、ドラゴンズの与田剛のもとでヘッドコーチをしていたではないか。

尾花だって、横浜の監督を2010年から2年間務めて結果を出せなかったその1年後、巨人の二軍投手総合コーチとして現場復帰している。実は尾花はこのとき4球団からオファーをもらっていたが、他の3球団は一軍で、巨人だけ二軍でのコーチ要請だった。

「監督として学んだことを実践するには、完成された一軍の選手より、二軍のほうがいい」という理由で巨人を選んだ。監督を経験したことで、「指導者として持ち続けなければいけない矜持」について学んだのだろう。

立浪はドラゴンズで監督を務めた3年間の経験をどう次につなげていくのか。監督以外の何らかの肩書でユニフォームを着て、よそのメシを食べていくことが一番しなければならないことじゃないかと思っている。

そのためには、立浪自身は謙虚さを失ってはいけないし、どんなタイプの選手から声をかけられても、的確にアドバイスできるだけのさまざまな引き出しも用意しておかなければばならない。だからこそ、監督で思うような成果が出せなくたって、落ち込んでいる場合ではないのだ。

そもそも私に言わせれば、プロ野球の監督を3年間務めることができただけでも幸せだし、なんなら勝ち組だと思ったっていいくらいだ。長年野球界を見続けてきて、プロ野球の監督をやりたい者はごまんといた。それでも声がかかるかどうかは、「運」と「タイミング」次第である。この二つのどちらかでも欠けていれば、永遠にそのチャンスが巡ってくることはない。

今回の経験をよい教訓を得たと思って次につなげてほしいのだ。

今でも忘れられない、監督の退任が決まった直後の原の顔

監督をやめたあと、次につなげて結果を出した好例として挙げられるのが、巨人の監督をわずか2年で退任した原だろう。彼のプロセスはある意味、立浪にとっても参考になる部分が多いかもしれない。

監督1年目の2002年はセ・リーグ制覇に加えて日本一と、まさに無双状態だった。

それが翌年、ＦＡで松井秀喜がメジャーに移籍したのと、投手陣がいまひとつピリッとせずに、苦しい戦いが続き、優勝が絶望となった9月26日、「読売グループ内の人事異動」という名目で監督を退任することになったと球団から発表された。

けれども誰一人としてその言葉を信用する者はいなかった。成績不振による解任という見方が強かった一方、「原に球場で会ったら、どんな顔をして声をかけたらいいんだろうか」と私は頭を悩ませていた。

「残念な結果になったね」では、彼のプライドを傷つけてしまいかねないし、かといって、野球とはかけ離れた世間話をするというのも、たんにお茶を濁しているだけで気が進まない。

そうして迎えた翌27日。この日は広島市民球場で広島との一戦が行われることになっていた。そして私はラジオ解説の仕事が入っていた。

試合前の巨人の打撃練習中、私は原の姿を見つけた。いつもだったらたくさんの報道陣に囲まれているのだが、この日は誰もいなかった。

どうやって声をかけようかと悩んでいるところに、当時ニッポン放送の実況アナウンサーだった深澤弘さんが、「原監督に話しかけてきてよ」と私に言う。さすがに無理ですよ、

とたじろいだのだが、深澤さんはそんなことはまったく意に介さず、

「あなたと原監督のこれまでの関係だったら話せるでしょう」

と諭すように言われたところで、私も冷静になって少しだけ話してみようという気になった。

そうして原に歩み寄っていくと、彼は私の姿を見るなり、

「江本さん、監督をクビになっちゃいましたよ」

と明るく話しかけてきてくれた。退任発表の話には触れないでおいて、

「こうなったら選挙に出てみない?」

このとき参議院議員だった私は、まったく畑の違う話を振ってみた。すると彼は彼で、

「それも面白そうですね。でも僕なんかいきなり新人で出て当選しますかね?」

と言ってきたので、「何言ってるの。日本広しといえども、あなた以上に有名な新人の候補者なんているわけないでしょう」と返すと、原は大きな声で笑っていた。

そうして場が和んだところで、「ほな、今日も頑張って」と声をかけてその場を立ち去ろうとすると、

「江本さん!」

原からこう呼び止められると、彼が続けた。

「こんな屈辱は人生で初めてですから！」

顔を見ると鬼のような形相だった。「屈辱」とは監督を退任することになったことである。原の胸の内を察すると、相当悔しかったに違いない。このときの原の顔は今でも忘れていない。

だが、ここから原の監督人生は始まった。２００４年から2年間は自己研鑽を積み、原に代わって監督となった堀内恒夫が結果を出せずに退任すると、再び監督の座に就くことになった。それから15年間の監督生活でリーグ優勝8回、日本一２回の成績を残した。原なりの努力の結晶が実を結んだかたちとなった。

翻って立浪である。彼の野球人生のなかで、今回ほどの屈辱を受けたことはないはずだ。高校、現役時代は栄光に包まれ、まさにエリート街道をひた走ってきた。それが監督になって思うような結果を残せずに退任することとなった。

原のように屈辱をいかに肥やしに変えられるか――。立浪に求められるのはこれから先の人生の過ごし方が勝負となることは間違いない。

原は野球以外のことで勉強を重ねた

これから先、立浪が学ぶことはたくさんある。野球の戦術や戦略についての知識を蓄えることはもちろんだが、野球以外の領域でもいろいろな知識を蓄えることが必要だ。

これは以前、原から直接聞いた話だが、彼は野球解説者をしていたときは「考え方の視野を広げなくてはいけない」ということで、さまざまな分野の本を読み漁っていたという。一番読んだ分野は歴史ものだったという。とくに『三国志』はお気に入りで、登場人物や時代背景が複雑だったので、ノートに書いて頭のなかで整理しながら読んでいったそうだ。

そうしたなかで、魏の創設者である曹操孟徳に憧れを抱いていた。巨大戦力によって絶対的な地位を築き上げ、残酷かつ冷淡で手段を選ばない。「天下を取るなら、自分にも周りにも厳しくないといけない」ということを学んだ。

このほかにも、日本の歴史小説も数多く読んだ。とくに戦国武将の生きざまについては考えさせられることが多く、戦略や戦術にとどまらず、それぞれの武将が自軍の大将についた理由、あるいは裏切って敵方についてしまった理由は何だったのか。そうした場面から、人の心の機微を学び取った。

彼は歴史にとどまらず、政治、経済、時事情勢など、関心の幅が広範囲に及んだ。話をしていて、「よくこんなことを知っているな」と感心させられたことも一度や二度ではなかった。

また政治の世界においては、甘利明元経済再生担当大臣とつながりがあり、当時の安倍晋三首相と食事をしたこともあった。その際、あまりにも原が政治に詳しいので、自民党から出馬させるというプランも描いていたそうだが、３度目の巨人監督の就任により、その話は流れてしまったという話も実際にあったようだ。

もちろん立浪にも原と同じようにしなさいというつもりはない。けれども、一度監督を務めたことで、自分に足りないものや欠けているものについて把握しているはずだ。そうした部分を補うための勉強の時間に充てたっていいし、通信制の大学に行って心理学について学んでみたっていい。

担当記者に「Z世代って何ですか？」と聞いているようでは、この先、監督の話が舞い込んでくるとは思えない。それだけに、監督退任後の立浪には、やっておかなくてはならないことが、無数にあるはずだ。

「ミスタードラゴンズ」は監督として優勝していないという事実

何度も申し上げるが、立浪はドラゴンズしか知らない。それゆえ現役時代に偉大な実績を残したことから、多くのドラゴンズファンから「ミスタードラゴンズ」であると認められた。

立浪の前にもミスタードラゴンズは2人いた。1人目は西沢道夫さん（初代）である。西沢さんは戦前から戦後にかけてドラゴンズで活躍し、戦前は伸びのあるストレートを武器に、1940年に20勝を挙げたり、42年5月の大洋戦では世界最長となる延長28回を完投。311球を投げるほどのタフネスぶりをみせた。

だが、戦争で肩を壊すと、戦後は打者に転向。1950年はシーズン46本塁打を放ち、52年は打率3割5分3厘、98打点で、首位打者と打点王の二冠に輝く。さらに打撃コーチ兼任となった1954年は、主砲としてドラゴンズを初のセ・リーグ優勝と日本一に導いた。投手と打者の二刀流として高いレベルで活躍し、メジャーで活躍中の大谷翔平のように投手と打者の同時進行というわけではないものの、投手として20勝、打者として46本塁打を達成したのは、日本のプロ野球史上で西沢さんだけである。つまり、西沢さんこそが

「元祖二刀流」といえるのだ。

　続いて前にもお話した高木守道さん（2代目）、そして立浪（3代目）である。ドラゴンズの歴史上、3人の「ミスタードラゴンズ」を輩出したことになるのだが、3人には2つの共通点がある。一つは、現役時代は華麗なプレーでファンを魅了したこと、二つ目は「監督として優勝経験が一度もないこと」である。

　一つ目は言わずもがなであるため、もう一つの共通点を見ていこう。西沢さんが監督を務めたのが1964年から67年までの4年間で、6位、2位、2位、2位という成績だった。とくに1965年以降は巨人がV9時代に突入していたため、不遇といえば不遇な時期に監督を務めたともいえる。

　高木さんは2度の監督経験があるなかで、92年から95年までは6位、2位、2位、5位、2012年と13年は2位、4位と、2位の3回が、高木さんが監督のときの最高順位だった。

　そして立浪である。2022年から24年まで3年連続最下位とやはり結果を残していない。「ミスタードラゴンズ」と言われていたからこそ、優勝を果たしてドラゴンズファンを喜ばせてほしかったが、残念ながら夢半ばで終わってしまった感が強い。

西沢さん、高木さん、立浪の3人は、現役時代は優勝を経験している。もっと言えば、西沢さんと立浪は日本一も味わった。選手時代に栄光をつかんできただけに、監督になってからも同じように勝利に導いてくれるだろうと、多くのドラゴンズファンは考えたに違いないが、現実はそんなに甘くはなかった。

本来、「ミスタードラゴンズ」と呼ばれるほどの存在なのだから、多くのドラゴンズファンから尊敬の念で見られなくてはならないはずである。にもかかわらず、監督としてうまくいかず、「辞めろ」コールが起きてしまった瞬間、名声を地に堕とすことになってしまった。ただ、このまま立浪の野球人としてのキャリアが終わりを迎えてしまうのは、あまりにもったいない。

西沢さん、高木さんは鬼籍に入られている。今のドラゴンズを見ている限り、立浪の後にミスタードラゴンズを名乗れる選手が出てくるのかと問われれば、それはないと言い切れる。現役生活20年以上もチームに貢献し続けてきて、優勝に導ける選手など、そうそう出てくるものではない。それだけに立浪は捲土重来するのを心待ちにするファンだって、今も多くいるに違いない。

メジャーのやり方を検証することはふんだんにある

今現在、日本のスポーツニュースのトップで報じられるのは、メジャーで活躍する大谷翔平の姿である。これはＮＨＫ、民放を問わない話だ。２０２４年シーズンは大谷が本塁打を打った、あるいは盗塁したなどと、話題に事欠かなかったが、私は今こそメジャーリーグのやり方を検証すべきだと思っている。

これは昔から言い続けていることではあるが、投げ込みをしないこととウエイトトレーニングの傾倒にはいささか疑問を持っている。

メジャーでは必要以上に球数を投げ込まない。「肩やひじは消耗品である」という考え方がそうさせているという見方もあるが、投げ込みをしなければ左右、高低に投げ分ける微妙なコントロールは身につかない。

一見すると根性論のように聞こえるかもしれないがそうではない。技術を身につけるときにどうしても乗り越えていかなければならない壁のようなものが、投げ込みによって解消されるのだ。

技術を磨くときには、必ず知っておかなければならない理論がある。これは自分の投球フォームにかかわることだから、知っておいたほうがいい。ところが、技術を磨いていくと、理論だけではどうにも説明できないところが出てくる。

そこでどうすればコントロールが身についてくるのか、一球、また一球と投げ込んでいき、やがて体が無意識のうちに技術を会得していく。これを、「コツをつかむ」というわけだが、投手であれ、打者であれ、プロ野球選手はコツをつかまなければ淘汰されていくのみである。

またウエイトトレーニングだって同じだ。メジャーの選手はとにかく体を大きくして、力いっぱい腕を振って投げて、思い切りスイングする。そうして160キロを超えるボールを投げ、まるでピンポン玉をはじき返すかのように軽々とスタンドインさせる。これがメジャーでは主流となっているが、ここで誰もが説明できない事実が突きつけられる。

「どうして投げ込みをしていないのに、メジャーの投手はひじを手術ばかりしているの？」

「なぜ日本の投手もメジャーに倣ってウエイトトレーニングをしているのに、長いイニングを投げられないの？」

ということだ。

投げ込みをしていなければ肩やひじは消耗しないはずだから、大きな故障をすることはないと考えるのが普通なのに、なぜかメジャーでは肩やひじを故障する者が後を絶たない。それどころか、日本の若い投手でも、ドラフト指名された1年目から、トミー・ジョン手術を余儀なくされる投手も出てきた。

同じことは打者にもいえる。あれだけウエイトトレーニングを積んでパワーを増したって、3割打者は大幅に激減し、本塁打の数もこれまで30～40本打っていた打者が、10本以上も減らすことになった。一部には「飛ばないボールが使用されているから」という意見もあるが、私はそうは見ていない。ウエイトトレーニングによってたしかに遠くに飛ぶようにはなったのかもしれないが、同時にボールをとらえる確実性が失われたことは否めない。

投手の肩やひじの故障の増加についても疑問は尽きない。

「トレーニングの知識や方法論が昔より進んでいるはずなのに、なぜか故障者は増加している。これはいったいどういうことなのか？」

と質問しても、誰も説明してくれない。というよりも、「誰も説明できない」というのが正解なのかもしれない。

「アメリカは科学的な見地で肩やひじについての研究が進んでいる」などと、したり顔で語るスポーツライターもいるが、私に言わせれば「それならなぜ、ひじの手術をする投手が後を絶たないのか説明してくださいよ」と聞いても、誰もまともに答えてくれない。だからこんな意見が出てきたときには失笑してしまう。

佐々木と戸郷、どちらがチームに貢献しているか

たとえばロッテの佐々木朗希である。彼がメジャー志望であったり、将来日本から出ていくんじゃないかと言われることはここでは置いといて、ロッテが2019年のドラフト1位で指名したとき、多くの野球ファンは「いい球団に入った」と喜んでいた。

その理由は、「きちんと計画を立てて育成してくれるから」ということだったが、あれから5年後の佐々木を見ても同じことが言えるだろうか。多くの野球ファンから、「なんでもっと投げさせないんだ」という声が数多く聞かれるようになった。

1年目は一軍のマウンドに上がることなく、2年目から先発でマウンドで経験を積んでいき、3年目の2022年はオリックス戦で完全試合を達成。いよいよここからプロの階段を一気に駆け上がっていくのか……と思いきや、23年シーズンはWBCの代表選手に選

ばれたものの、肝心のシーズンでは7勝に終わり、5年目となる24年もシーズン中の離脱を繰り返して、どうにか2ケタの10勝を挙げられるまでにはなった。

私は今年のパ・リーグはロッテを優勝候補に挙げていた。その条件が、「佐々木が年間180イニング投げて、15勝すること」だった。だが、そのいずれもが叶えられない結果に終わってしまったからこそ、ロッテはAクラスを死守するかどうかでもがいている。

それなら巨人の戸郷のほうがよっぽど活躍しているではないか。彼は佐々木より1歳上だが、入団2年目からローテーションに入り、2024年シーズンでは菅野と並んでエース級の働きをみせて、巨人の4年ぶり39回目のリーグ優勝に大きく貢献した。

しかもシーズン終盤には中4日で登板することもあったが、彼が大きな故障をしたという話は一度も聞いたことがない。彼も佐々木と同様に、2023年のWBCの代表選手に選ばれ、将来はメジャーで投げるのではないかと言われているが、それはそれ、これはこれ、と言わんばかりに、巨人の勝利のために必死になって腕を振り続けている。

つまり、シーズンで活躍できるように日ごろからコンディションを整えて、ローテーションを守って投げなければ、投げるためのスタミナや打者を抑える絶妙なコントロールはついてこないのである。それを理解しないで、「投げすぎると故障する」というのでは、いつまでたっても一流の投手には育っていかないのだ。

ウエイト熱が小笠原慎之介と高橋光成をダメにした

それに日本でもウエイトトレーニングで体を大きくする選手が後を絶たないが、それでどれだけの好成績を残したというのか。

ドラゴンズで言えば左腕の小笠原慎之介である。彼は東海大相模で夏の甲子園を制し、2015年のドラフト1位で指名された。2024年シーズン終了と同時にメジャー移籍を視野に入れて、ポスティング申請を要望するという報道が出たが、それほど高い水準で好成績を残しているとは思えない。勝ち星だけでいえば、2022年の10勝が最高で、あとは1ケタ止まり。2024年はわずか5勝で、「これで左のエースって言えるのか?」という状況である。

彼が勝てない原因は、体つきを見ればわかる。投手とは思えないようなポテッとした体で、スタミナがありそうには見えないし、シーズンを通してキレのあるボールを投げ続けられるとも思えない。ウエイトトレーニングに没頭して、肝心の投球練習やランニングなどはおざなりになっていると想像できる。

このことは西武の高橋光成も同様だ。２０１３年夏の甲子園で優勝して翌年のドラフト1位で西武に指名され、19年にプロ入り初の２ケタ勝利を挙げると、21年から23年まで３年連続で２ケタ勝利を挙げた。

２０２４年も活躍できるのか……と思いきや、まるでプロレスラーのような体つきで、とてもじゃないが彼が投げたときに勝てるイメージがまったく湧かなかった。その結果、勝ち星なしの11敗という惨憺たる成績でシーズンを終えた。

高橋が不振だったのは明白である。彼も小笠原と同様にウエイト熱にハマってしまった。これではいくら投げてもいい成績を残せるはずがない。

今のプロ野球選手は、チームの先輩やアマチュア時代のツテで紹介されたスポーツインストラクターから、「このトレーニングはアメリカでは最先端で……」と言われたことを素直に聞いて取り組んでいることが多い。それで結果が残せればいいが、ウエイト熱が過熱するほど小笠原や高橋のように、よくない方向に向かっているのは明らかだ。

繰り返すが、プロ野球選手である以上、必ず結果が求められる。結果を出すためにトレーニングを積んでいる以上、それが正しいのかどうかを疑うのはとても勇気のいることだ。

だが、この際、「アメリカでいいと言われているから」という声は抜きにして、どこまで日本のプロ野球選手はウエイトトレーニングを行うべきなのか、検証してみる必要があるのではないだろうか。そうしなければウエイトを崇拝する選手が後を絶たない状況が続いていき、野球のレベルそのものが落ちていく一方になるんじゃないかと危惧している。

立浪はこれまで培ってきた野球観を見直す時期がきた

立浪も現場で若い選手を指導してみて、ジェネレーションギャップは十分に感じたと思う。こちらが冗談のつもりで言っても相手はそうは受け取ってくれない。あるいは言いすぎてシュンとなってしまう選手が思いのほか昔より多いなんてことがわかったかもしれない。

だが、プロ野球選手である以上、結果を残さなければならない。「コーチにあんなことを言われた」と落ち込んでいるだけでは、選手として大成することはまずない。

そして野球人である以上、技術も追求してほしいし、采配面でも戦術について極めるつもりで勉強を重ねてほしい。ウエイトトレーニングについてもそうだし、昔からある走り込みや投げ込みについても学んでおく必要がある。

そのためにはこれまでの仲間以上の、新たな人間関係を構築していくべきだ。同級生の片岡や一学年後輩の宮本との関係を見る限り、立浪は高校時代の人間関係を大切にしている。もちろん大事なことではあるが、自分のテリトリーにはいない人間のほうが、実は彼ら以上に野球をよく知っていたり、若い選手とのコミュニケーション能力に長けていることだってある。

もしも立浪が再びドラゴンズの監督になる機会があったら、今回のようにドラゴンズ色の強い人間で固めるのではなく、脱ドラゴンズ色の人間を招聘するほうがいい。ドラゴンズファンにしてみても、「おっ、立浪は変わったな」と思うだろうし、そうした人間の存在によって、チーム内にこれまでにはなかった化学反応が見られて、それが好影響を及ぼすことだって十分にあり得る。

前にもお話ししたが、原が巨人の監督に戻った2006年に尾花を一軍投手コーチに据えて、翌年は伊原を一軍ヘッドコーチに起用した。それが功を奏して、2007年からのリーグ3連覇につながったという実績もある。

だからこそ、55歳にしてこれまでの野球観を見直して、新たなものを作り上げてもらいたい。一般社会では50代半ばというと定年間近という見方もできるがとんでもない。まだまだキャリアを積み重ねていける年齢だ。

渋沢栄一の名言に、「四十、五十は洟垂れ小僧　六十、七十は働き盛り　九十になって迎えが来たら　百まで待てと追い返せ」というのがある。立浪はまだ洟垂れ小僧の段階だ。一からスタートを切るつもりで野球解説者をやればいい。私はそう思う。

次は「ミスタードラゴンズの成功」を見たい！

立浪は今回の失敗を教訓に、なんとかもう一度、ドラゴンズのユニフォームを着てほしいと思っている。そのためには数年間は武者修行に出たと思って、引退してからドラゴンズの監督に就任するまでの13年間とは違った経験を積んでいく必要がある。

おそらく立浪は監督を辞してからも周囲から「監督」と呼ばれることが多いはずだ。かつての野村さんがそうだったし、監督経験者の多くは、なぜか「監督」と呼ばれることが多い。そんな言葉をかけてもらったからって、平静でいることが大切だ。

この3年間、立浪はドラゴンズファンから猛烈な罵声を浴び続けた。現役時代に一度も聞いたことがなかった「もうやめろ！」という辛辣な声に対しては、内心相当こたえていたと思う。

一方で名古屋だけでなく、全国のプロ野球ファンにも、立浪のファンは多い。小柄な体で安打を量産した稀代のバットマンのことを、尊敬のまなざしで見続けているファンもいまだにたくさんいることを私は知っている。

冒頭でもお話ししたが、私は名古屋に行くたびに立浪監督の去就について聞かれた。

「オレはドラゴンズの関係者じゃないんだけどな……」と思いつつも、よくよく話を聞いてみると、やっぱり心のどこかで立浪監督のことを心配しているのだ。インターネットやＳＮＳで汚い言葉でヤジっている人たちとはまったく違うファンを見たときに、「こうやって熱心に応援してくれる人を悲しませるようなことをさせちゃいけないな」と他人事と思いつつも妙に心配してしまう自分がいたりもする。

だからこそいちばんに言いたいのは、「立浪、まずはお疲れさん」という言葉と、「もっと精進せえよ」という激励の言葉だ。何年先になるかはわからないが、立浪にとって再び「そのとき」が訪れたら、今回とは違う結果を残してほしい。もちろんＡクラスを争うなんていうレベルではなく、優勝、そして日本一。それが立浪に課せられたミッションだ。

クリアする義務が彼にはある。

そうして「3代目ミスタードラゴンズ」がドラゴンズの歴史を塗り替えてほしいと願っている。

最後にもう一つ。次に監督をやる際には、背番号は「73」でないほうがいい。この番号を選んだのは、立浪が現役時代につけていた「3」と自分の名前の語呂合わせによるもの（73＝なみ）だったからと聞いている。

だが、73という数字は、電信用の略語で「サヨウナラ」という意味を表していて、この言葉の意味通りに立浪は「サヨウナラ」してしまった。たしかに過去は73という数字をつけて監督として実績を残した人もいた。巨人の藤田さんやヤクルト時代の野村さん、近鉄の梨田などが挙げられるが、立浪にとって背番号73は縁起のよくない数字となってしまった。

だからこそ立浪に言いたい。次に監督の声がかかることがあったときには、背番号を一新してほしい。「ニュー・3代目ミスタードラゴンズ」の雄姿を再び見られる日が来ること、そして優勝が決まり、笑顔でマウンド付近で胴上げされているシーンが見られることを期待しておこうではないか。

おわりに

プロ野球の世界は結果がすべてである。一軍でバリバリ活躍している選手であれば、その年の成績が不振であれば年俸は減ってしまう。また、当落線上にいる選手が一軍に上がれなくなれば、クビを言い渡されることになる。この原理原則は監督でも変わらない。

成績がよければ契約更新されるのに対し、悪ければその年限りでおしまい……という世界だ。サラリーマンのように身分が保障されているわけではないので、シビアといえばシビアな世界ではあるが、90年以上のプロ野球の歴史において、過去の監督たちすべてが同じ思いをしてきた。

そう考えれば、立浪が今回退任するのは、当然のことである。1年目、2年目は最下位で、「勝負の年」と位置づけた3年目も、ヤクルトと最下位争いをしていたようでは、ファンから「やめろ」と言われても不思議ではない。

一方でこんなことも考える。

「親会社とフロントが一体となって、ドラゴンズをこの先どうしていきたいのか考えてほしい」

ということだ。ファンが純粋に、「強いドラゴンズを見たい」と思っているのに対し、肝心の球団の上層部は「球団を維持して儲けられればいい」と考えているようなフシが見え隠れする。これでは本当の意味でチームの強化ができない。

同じく新聞社を親会社である巨人は4年ぶりのリーグ優勝を果たした。巨人がこれまでと違うのは、昨年のオフにFAで大型補強をせず、新外国人も格安で獲得して見事にチームの穴を埋めてくれた。つまり、大金をかけず知恵を絞って戦力補強をしていけば、チームを上昇させることができるというお手本を見せてくれた。

2024年シーズンの開幕前、私もふくめ、野球解説者の大多数が優勝候補に挙げたのは阪神だった。岡田監督の手腕で18年ぶりのリーグ優勝、38年ぶりの日本一を成し遂げたのだから、前年に引き続きセ・リーグを牽引していく存在になると考えるのは当然のことである。巨人を優勝候補に挙げたのは、一部の巨人をごひいきにしている解説者くらいのものだ。そうした意見を向こうに回しての優勝だったからこそ、今年の巨人の優勝はいつもと違う価値がある。

ドラゴンズは最後の優勝からもう13年も遠ざかっている。この間、セ・リーグで優勝していないのは、ドラゴンズとDeNAのみ。日本シリーズに進出していない球団はドラゴンズだけとなった。13年前の優勝を経験しているメンバーは、現役では大島洋平と大野雄大の2人だけ。他のメンバーは優勝の味を誰も知らない。

今のドラゴンズは、かつて暗黒時代といわれていた阪神と状況が似ている。だが、あのときの阪神は、野村さんや星野さんと言った、よそでそれなりの成功を収めた人を監督に据えることでどうにか閉塞的な状況を打開しようとした。

けれども今は野村さんも星野さんも過去の人となってしまった。ドラゴンズがとっておきの切り札として頼りにしていたはずの立浪監督も、思うような結果が残せずチームを去ることになった。さすがに計算外だったに違いない。

とはいえ、立浪監督は新陳代謝を図って若い人材の育成に努めた。彼らが来季以降、活躍してチーム成績を押し上げてくれれば、監督に据えた意味はあったと断言できる。

2024年9月27日、東京ドームでのシーズン最後の巨人戦が終わり、立浪監督以下、首脳陣、選手全員がレフトスタンドにあいさつに行くと、外野のスタンドから「立浪コール」が起きた。ドラゴンズファンで埋まったレフト側だけでなく、ライトスタンドからもだった。

私の周囲の巨人ファンに言わせると、立浪監督が現役のころには、「嫌な場面で打たれた思い出しかない」「ドラゴンズファンからしたら、チャンスで打ってくれと思ったら、必ず期待に応えてくれた人だったんじゃないのかな」という意見が多数あった。

だからこそ、リスペクトする意味も込めて「ミスタードラゴンズ」と呼んでいたのだろうが、残念ながら監督としては現役時代と同じようにはいかなった。今回の失敗でミスタードラゴンズの名声は地に堕ちたと考える人がいるかもしれない。

だが、ここから立浪がどう這い上がってくるのか、私はそれを見たい。このまま失敗したままで終わるのか、あるいはさまざまな苦労を積んで、またドラゴンズから監督としての声がかかるのか。それには立浪自身の今後の行動が問われてくる。

彼には再起を果たしてもらい、「ミスタードラゴンズ」の輝かしい栄光を取り戻してほしい――。心からそう期待している。

2024年10月

江本　孟紀

江本孟紀（えもと　たけのり）

1947年高知県生まれ。高知商業高校、法政大学、熊谷組(社会人野球）を経て、71年東映フライヤーズ（現・北海道日本ハムファイターズ）入団。その年、南海ホークス（現・福岡ソフトバンクホークス）移籍、76年阪神タイガースに移籍し、81年現役引退。プロ通算成績は113勝126敗19セーブ。防御率3.52、開幕投手6回、オールスター選出5回、ボーク日本記録。92年参議院議員初当選。2001年1月参議院初代内閣委員長就任。2期12年務め、04年参議院議員離職。現在はサンケイスポーツ、フジテレビ、ニッポン放送を中心にプロ野球解説者として活動。2017年秋の叙勲で旭日中綬章受章。アメリカ独立リーグ初の日本人チーム・サムライベアーズ副コミッショナー・総監督、クラブチーム・京都ファイアーバーズを立ち上げ総監督、タイ王国ナショナルベースボールチーム総監督として北京五輪アジア予選出場など球界の底辺拡大・発展に努めてきた。ベストセラーとなった『プロ野球を10倍楽しく見る方法』（ベストセラーズ）、『阪神タイガースぶっちゃけ話』（清談社Publico）をはじめ著書は80冊を超える。

扶桑社新書 510

ミスタードラゴンズの失敗

発行日 2024年11月1日　初版第1刷発行

著　　者………江本孟紀
構　　成………小山宣宏
発 行 者………秋尾 弘史
発 行 所………株式会社 扶桑社
〒105-8070
東京都港区海岸1-2-20　汐留ビルディング
電話　03-5843-8194(編集)
03-5843-8143(メールセンター)
www.fusosha.co.jp

DTP制作………Office SASAI
印刷・製本………株式会社 広済堂ネクスト

Printed in Japan　ISBN 978-4-594-09921-3